U0088864

臺灣歷史與文化 研究輯刊

十 三 編

第 4 冊

屏東市眷村之沿革與變遷
——以大鵬七村、凌雲三村爲例

許 雄 飛 著

花木蘭文化事業有限公司

國家圖書館出版品預行編目資料

屏東市眷村之沿革與變遷——以大鵬七村、凌雲三村為例
／許雄飛 著 — 初版 — 新北市：花木蘭文化事業有限公司，
2018〔民 107〕
目 6+186 面；19×26 公分
（臺灣歷史與文化研究輯刊 十三編：第 4 冊）
ISBN 978-986-485-296-3（精裝）
1. 眷村 2. 文化 3. 屏東市
733.08　　　　　　　　　　　　　　　　107001578

ISBN-978-986-485-296-3

9 789864 852963

臺灣歷史與文化研究輯刊
十三編　第 四 冊　　　　　　ISBN：978-986-485-296-3

屏東市眷村之沿革與變遷
——以大鵬七村、凌雲三村爲例

作　　者　許雄飛
總 編 輯　杜潔祥
副總編輯　楊嘉樂
編　　輯　許郁翎、王筑　美術編輯　陳逸婷
出　　版　花木蘭文化事業有限公司
發 行 人　高小娟
聯絡地址　235 新北市中和區中安街七二號十三樓
　　　　　電話：02-2923-1455 ／傳眞：02-2923-1452
網　　址　http://www.huamulan.tw 信箱 hml 810518@gmail.com
印　　刷　普羅文化出版廣告事業
初　　版　2018 年 3 月
全書字數　109388 字
定　　價　十三編 24 冊（精裝）台幣 60,000 元
版權所有・請勿翻印

屏東市眷村之沿革與變遷
——以大鵬七村、凌雲三村爲例

許雄飛　著

作者簡介

許雄飛，現居住於屏東市，從小在高雄市一處眷村附近長大，因此對眷村有一份特殊的感覺。對歷史和軍事很有興趣，喜歡看書。希望交到好朋友，也希望成為別人的好朋友。從事教職，是一位看起來很不像老師的老師，安分守己，討厭爾虞我詐的環境，喜歡悠哉悠哉地過日子，非常嚮往不用工作就可以領退休金的生活，是一個完全不會引人注意的平凡人。

提　　要

　　眷村，原本是指某行業興建、專供其員工及眷屬居住之房舍，惟在台灣現已成軍人及眷屬居住房舍的專有名詞。台灣軍方眷村出現甚早，最早甚可追朔至鄭成功時期。而後日本佔領台灣，派遣航空兵力進駐於屏東，並興建許多房舍供軍人居住，此即為屏東之「崇蘭官舍群」。抗戰勝利後，國民政府兵力進駐屏東，民國三十八年政府戡亂失利，大批軍民更隨政府飄洋過海來台，眷村開始大量出現。惟當時許多房屋設備一切因陋就簡，堪稱聊勝於無。

　　因為軍種關係，屏東市眷村多屬空軍眷村。民國 45 年起，中華民國婦女反共聯合會捐建了大批的房舍供軍人及其眷屬居住。本文主角大鵬七村與凌雲三村即為其所捐建。當時眷村屬於較封閉之環境，來自中國大陸各地的軍民仍保存其獨特之生活、習慣、風俗等，形成了特殊的眷村文化。

　　　隨著眷村房舍的逐漸老舊及時代變遷，民國六十六年國防部開始第一階段的眷村改建計畫，民國八十五年更展開了第二階段的眷村改建計畫，民國九十四年，大鵬七村與凌雲三村納入了改建名單。至此屏東傳統眷村步入歷史，逐漸融入於台灣社會。

　　本文係以屏東市大鵬七村與凌雲三村為主角，敘述了台灣眷村的起源、發展及其特色，並就眷村改建計畫做一敘述與探討，希望能為屏東市眷村的歷史留下一頁紀錄。

謝　誌

　　好感人耶！不才在下本人我，居然把這篇論文刻完了，眞是太感人了！

　　能夠發生這麼感人的事，當然得感謝論文指導教授楊護源老師，他總是用補破網的心情來指導我的論文，讓它看起來比較像人寫的論文，而不是七拼八湊的四不像。上楊老師的課總是讓我從頭笑到尾，而且笑完之後還能滿載而歸，得到許多有用的東西，可惜這招我沒把它學下來。其次也要感謝我的導師楊玉姿教授，她總是很有耐心的教導神經非常大條的我，讓我有時候會有感受到慈母光輝的感覺。當然也不能忘記王文裕教授，求學期間無論我提出什麼稀奇古怪的問題，他總是能夠口沫橫飛的幫我解答得非常詳細，有時還會附贈一份 Power Point！

　　此外，學校外面的好人也很多，謝謝蕭珍記文化藝術基金會理事長蕭永忠先生，六塊厝教會的羅遠平牧師、張靜秀師母、張志明先生，凌雲國小的林春如校長、吳美珍老師、鵬程里王藍里長、王岳祖先生和凌雲里潘武昌里長，他們總是親切的招待我，詳細的解答我的問題，並且提出許多寶貴的意見，讓我的論文更充實。

　　當然，我也要謝謝我服務大同國小之前的林純文校長，他不僅給在行政業務上給我許多通融，也時時垂詢我的課業並鼓勵我，讓我得以順利完成學業。

　　而且，我還要謝謝我的另一半雅惠和兩位犬子許冬冬、許龍龍，因爲他們時常得忍受我讀書時的壞脾氣，而且在一陣狂風暴雨後，還得強顏歡笑的爲我加油打氣，眞是太委屈他們了。

　　不過，我也沒有忘記我的好同學喔！日文高手輝閔、楊董集勛、才女綉伶、年輕貌美的鈺涵，還有論文口試時去幫我打雜兼壯膽的惠萍姊姊、怡貞秘書，認識你們眞好！不管未來如何，在我心深處，永遠會有你們的影子。

　　感謝的人好多，眞像在領金馬獎，就此打住吧！反正謝謝所有幫過我的人就是啦！

　　激情過後，讓我有點感傷的想起一個人。我老爸以前常常說，以我的腦袋，一定可以把書讀好！可惜在他有生之年，我的書始終讀得 2266。現在我從高師大研究所順利畢業，好像有那麼一點把書讀好的感覺了。老爸，你在天上看得到這本論文嗎？

許雄飛　　2011.7.13

目

次

表　次

圖　次

第一章　前　言

第一節　研究動機及目的

　　清光緒二十年（1894），位在東亞的朝鮮半島爆發了中日甲午戰爭，而這場戰爭不止關係到了中、日兩國，也改變了臺灣的歷史。日本藉著這場戰爭得到了臺灣，日後更將它建設爲日本「南進政策」的重要基地。除了在屏東六塊厝地區興建臺灣第一座飛行場、日後陸續進駐飛行部隊外，日本也在屏東東港大鵬灣地區大規模填海造陸，建立了臺灣最大的水上飛機泊錨基地，讓地處臺灣南端一隅的屏東，在日據時代成了臺灣的航空重鎮。

　　然而日本並未放鬆入侵中國的腳步，最後漫長的八年抗戰雖然讓日本在中國大陸的活動劃上句點，卻未能爲中華民國帶來和平。民國 38 年（1949），因爲與共產黨作戰的失敗，中華民國政府喪失了中國大陸的統治權，帶著兩百餘萬名軍民，來到了對絕大部分人而言是相當陌生的異鄉——臺灣。而其中一部分的空軍部隊，進駐了堪稱臺灣航空起源地的屏東機場，讓屏東機場持續發揮著它在日據時代重要的軍事的功能，日後成了國軍最重要的反潛飛機、預警雷達飛機及運輸飛機大本營。

　　而後中華民國政府及中華婦女反共抗俄聯合會開始大量興建房舍，供播遷來臺的軍隊及其眷屬們居住，形成了眾人耳熟能詳的「眷村」。來自中國大陸不同省份的居民在此逐漸生根茁壯，省與省間的界線逐漸模糊，慢慢的融合成了一般臺灣口中「外省人」族群，而他們所聚集居住的「眷村」，更成了外省文化的象徵。而一部分隨軍來到屏東的軍眷，則集中住進了機場中草草

興建的房舍。並在民國 52 年（1963）從機場內搬進了婦聯會所捐建的眷村，也就是本文的主角——「大鵬七村」和「凌雲三村」。他們適應了這裡的環境，也帶來了源自於中國大陸的風俗、文化乃至於信仰，集體過著和臺灣本地有點類似卻又不盡相同的生活。

當時，這些來臺的軍隊及眷屬，都只是把臺灣當作一時避難的場所，民國 39 年（1950）五月十六日晚間十時四十五分，蔣中正總統在臺灣廣播電臺發表〈爲撤退舟山、海南國軍告大陸同胞書〉，提出了「一年準備，二年反攻，三年掃蕩，五年成功」的目標。因此，當時所有遷移來臺的軍民，總是等著回到中國大陸家鄉的日子，而未曾想過會有在臺灣落地生根的一天。然而，現實世界中到處充滿了殘酷的事實，時不我與的現實環境讓國民政府的反攻大業成了泡影，也讓蔣中正總統齎志以沒，更讓那兩百餘萬的遷臺軍民徹底了斷了回大陸的希望。漸漸的，眷村裡的軍民在臺灣落地生根，成了臺灣住民的一份子。

在早期，剛經歷過戰火的臺灣民生凋敝，百廢俱興，對一般臺灣百姓而言，事事都受到政府格外照顧的眷村無疑是讓人「羨慕」甚至是有些眼紅的地方。但是近來臺灣經濟起飛，民生富裕，相對房舍狹小、人口老化的眷村卻又變成居於經濟弱勢的地方。其間的變化，讓人爲之感慨不已。近年來，臺灣本土意識逐漸抬頭，政治環境的改變，和臺灣本地顯得有點格格不入的「眷村文化」立場開始有點尷尬；加上因應國軍眷村老舊而頒布的「國軍老舊眷村改建條例」在民國 85 年（1996）公布實施，以往純粹由「外省人」所聚居的眷村將漸漸的步入歷史。

而屏東市在日據時代即是臺灣的航空重鎮，因此國民政府遷臺後在屏東機場進駐了飛行部隊，使得屏東市陸陸續續設有 20 個眷村。在「眷村改建」這股歷史潮流之下，除了先前已經改建的眷村外，大鵬七村和凌雲三村也預計於民國 102 年（2013）遷村改建。眷村生活空間將由以往雞犬相聞、房舍互通的「竹籬笆」變成現在獨門獨戶的高樓大廈，傳統的眷村將徹底的消失。若不加以記錄，大鵬七村、凌雲三村和其他屏東的眷村一切很可能就此埋沒於時間的洪流裡，留下的僅是單單一個歷史名詞而已。在以往僅有少數論文曾經提及屏東市眷村改建，而屏東市爲臺灣南部一個小型的都市，在眷村改建的過程與影響，是否與其他地區有所相同或不同？或是有其他值得探討之處？

因此，本論文的研究目的為：

1、釐清屏東機場的開關及日本、國府空軍單位進駐屏東的過程。

2、了解大鵬七村、凌雲三村兩處眷村興建緣由及經過。

3、了解大鵬七村、凌雲三村兩處眷村的內部組織及空間配置。

4、了解大鵬七村、凌雲三村居民的日常生活方式。

5、探討屏東市眷村改建政策的執行情形及對大鵬七村、凌雲三村兩處眷村的未來影響。

6、探討屏東縣政府初步完成「眷村文化園區」的規劃構想及執行情形。

　　希望藉由此研究了解到日本將航空事業引進臺灣的經過，及屏東在臺灣航空事業所扮演的角色，並探索其與後來國民政府在屏東市興建眷村的因果關係。近來政府積極推動老舊眷村改建之政策，傳統眷村正在快速的消失，而屏東市老舊眷村在民國 99 年（2010）這波改建中絕大部份將被拆除，此後屏東市將不再有任何老舊的眷村，保存眷村文化也成了當前的課題。

　　目前屏東縣政府已於民國 96 年（2007）5 月 8 日公告將屏東市勝利新村 50 棟和崇仁新村成功區 21 棟一共 71 棟日式眷舍登錄為屏東縣歷史建築文化資產，並於民國 99 年（2010）向國防部申請將該區域共計約 6 公頃的面積成立「眷村文化園區」。目前臺灣各地已經有 17 處地區向國防部申請成立「眷村文化園區」，數量實在不能算少。然而或許可能因為申請的地區過多導致成立的「眷村文化園區」數量過大，稀釋了有限的經費與人力，使得「眷村文化園區」的經營出現問題。此外屏東縣政府並將預定成立「眷村文化園區」的眷舍委外經營，此舉對「眷村文化園區」的維持與經營有何影響，本文亦將對此措施做一介紹及探討。

第二節　眷村之文獻探討

　　就臺灣歷史而言，眷村算是典型歷史事件的產物，並且以其特殊性和封閉性而在臺灣社會中顯得相當突出。近年來，由於政府推動「國軍老舊眷村改建」的政策，傳統眷村快速的消失當中，因此眷村也成了一個研究課題，在此將歷年來與眷村有關的論文依照：

　　一、眷村改建

　　二、眷村文化

　　三、眷村歷史

　　四、眷村生活型態

　　五、眷村管理

　　六、眷村政治

分門別類做簡單的介紹後再分析其狀況。

一、與眷村改建有關的論文主要有：

1、對眷村改建政策本身的探討：

年份	作者	題　　　　　　目	系　　所
1990	駱怡筠	臺北市軍眷村改建國宅政策之研究	中國文化大學政治研究所碩士論文
1993	梁成文	眷村改建國宅之政策分析	國立中興大學公共行政及政策研究所碩士論文
2000	邵世禎	國軍老舊眷村改建後居住空間使用調查之研究──以臺北縣大鵬華城爲例	中國文化大學建築及都市計劃研究所碩士在職專班碩士論文
2002	王玲玲	眷村改建計劃在新竹市之形構	國立臺灣大學建築與城鄉研究所碩士論文
2002	蕭明仁	知識管理應用於國軍老舊眷村改建之研究	中華大學科技管理研究所碩士論文
2003	趙先令	國軍老舊眷村改建工作管理模式之研究──（以桃園縣自立、精忠六村國宅基地爲例）	中華大學科技管理研究所碩士論文
2004	鄭文雄	運用平衡計分卡於國軍老舊眷村改建績效評估之探討──以桃園縣僑愛新村爲例	中華大學科技管理研究所碩士論文
2005	邱乾順	眷村改建服務與居住滿意度之探討──以桃園地區自立新村等五處基地爲例	中原大學企業管理研究所碩士論文
2005	趙富盛	臺北市新制眷村改建執行流程之研究	中華大學營建管理研究所碩士論文

年份	作者	題　　　　目	系　　所
2006	朱復陽	協力治理應用於眷村改建之研究——以桃園縣陸光新城為例	淡江大學公共行政學系公共政策碩士在職專班碩士論文
2007	林耀宗	眷村改建關鍵要素與眷戶參與度之相關研究	中原大學企業管理研究所碩士論文
2008	陳易俊	眷村改建執行落後問題與改善策略之研究	中華大學營建管理研究所碩士論文
2008	池雙勝	組織變革與行政效率之研究——以臺北市國軍老舊眷村改建為例（1994～2008）	國立臺灣師範大學政治學研究碩士論文
2009	黃麗娟	眷村居民對眷村改建政策反應與衝突之研究——以屏東縣東港鎮共和新村為例	屏東科技大學熱帶農業暨國際合作系所碩士論文
2009	徐大程	臺南市崇誨社區的轉變與延續——關於眷村改建的過程探討	東海大學建築學系碩士論文

　　此部分論文大都針對眷村改建政策執行進行研究，包括管理模式、執行過程、改建進度落後、行政效率、居民參與度及滿意度之研究，整體而言強調以管理學的角度對整個眷村改建政策制度面的研究，但是較缺乏對眷村改建政策之歷史背景之研究，且取樣地區大多數為北部地區，南部或是小型都市地區較少涉獵。

　　其中黃麗娟之「眷村居民對眷村改建政策反應與衝突之研究——以屏東縣東港鎮共和新村為例」，文章中探討了眷村改建政策在保障眷戶權益、文化景觀保存及國家保存眷村文化政策的各項缺失。由於文中主角屏東縣東港鎮共和新村與本文探討主題屏東市眷村有相當類似的地方，而且屏東市眷村改建正在進行當中，因此相當有其參考價值。

2、從生活空間及土地利用角度探討眷村改建政策：

年份	作者	題　　　　目	系　　所
1998	周靖泰	軍眷村改建國民住宅之環境意義探討——以臺北市士林區忠義新城為例	中原大學室內設計學系碩士論文
2004	陳政世	國軍老舊眷村改建影響因素之探討——土地管理的觀點	世新大學行政管理學研究所碩士論文

年份	作者	題　　　　目	系　　所
2008	馬子修	眷村保存空間再利用原則之研究──以桃園縣憲光二村爲例	國立臺北科技大學建築與都市設計研究所碩士論文
2008	王德寰	國軍老舊眷村改建計畫土地釋出政策之研究	實踐大學企業管理學系碩士班碩士論文

　　一般而言，臺灣許多都市常有都市規劃不盡完善的情形，除了讓都市發展受到限制外，許多都市土地也未能做最妥善的規劃與利用。而且都會地區土地寸土寸金，因此眷村土地在改建釋出後作何利用格外令人關心。此部份主要探討主題集中在眷村改建後釋出的土地利用問題，以都市成長管理、都市再生的角度切入，討論老舊眷村改建後騰出的空地利用，提升其利用效率，甚至成爲眷村文化的保留地，藉以達到促進都市發展最佳的效果。

　　然而陳政世之「國軍老舊眷村改建影響因素之探討──土地管理的觀點」中指出，眷村改建之經費有相當大之部分來自出售已完成遷村之眷村所空下之土地，這個政策有相當大之風險，而這也是眷村改建政策執行進度落後的原因之一。

3、經濟角度探討眷村改建政策：

年份	作者	題　　　　目	系　　所
1999	彭柏錚	都市更新社會經濟效益分析──以眷村改建國宅爲例	中華大學建築與都市計畫學系碩士班碩士論文
2002	黃國良	應用價值工程有效樽節國防預算之研究──以眷村改建工程爲例	中華大學科技管理研究所碩士論文
2006	許隆光	運用價值工程評估體系於國軍老舊眷村改建分析初探	中華大學科技管理學所碩士論文
2007	吳國彰	國軍老舊眷村改建特別預算之產業關聯分析	朝陽科技大學財務金融系碩士班碩士論文

　　此部分論文集中在眷村改建所衍生的各項經濟問題，營造業在經濟活動中經常扮演帶頭的腳色而經常被視爲火車頭產業，在眷村改建中政府投入了

相當大筆的經費，加上眷村改建的種種硬體興建工程所帶來之附加經濟效益，此筆金額更是龐大。如吳國彰之「國軍老舊眷村改建特別預算之產業關聯分析」中，便分析了民國 89 年（2000）、民國 91 年（2002）、民國 97 年（2008）3 年眷村改建經費波及的臺灣營造產業。

　　而屏東市眷村改建中，也曾因為屏東市空屋率的問題而影響到眷村改建之進度，因此如何讓眷村改建工程以最少的經費有效的達成目標，並且發揮最大的經濟效益，自然是一個相當重要的課題。

二、與眷村文化有關的論文主要有：

年份	作者	題　　　　　　目	系　　所
1980	鄒雲霞	眷村居民我群認同感之研究	國立臺灣大學考古人類研究所碩士論文
1998	柳慧燕	眷改政策下的眷村經驗再重建——兩個眷改基地的對照與觀察	國立臺灣大學建築與城鄉研究所碩士論文
2006	李宜潔	眷村文化的形成與外省人的認同研究——以臺南縣仁和村為例（1950～2007）	國立成功大學歷史所碩士論文
2007	沈芳如	臺灣眷村文化保存的國家與社會觀點分析眷村改建政策下的眷村意義重構過程——空軍三重一村保存論述形成、認同的建構、空間意義再生產	臺灣大學建築與城鄉研究所碩士論文
2007	鄭慧華	眷村文化融入國小社會領域課程實施之研究	國立臺東大學教育學所碩士論文
2008	塗至濤	眷村文化園區保存、再利用之規劃探討——以馬祖新村為例	中原大學建築研究所碩士論文
2008	朱志傑	眷村文化觀光吸引力之研究	中國文化大學觀光休閒事業管理研究所碩士論文
2008	徐金滿	國軍眷村文化保存政策之探討——以「眷村文化園區」為例	中華大學科技管理學所碩士論文
2008	陳晏奇	新竹忠貞新村眷村新生活文化園區	東海大學建築學系碩士論文
2008	張雲翔	臺灣眷村文化保存的國家與社會觀點分析	臺灣大學國家發展研究所碩士論文

民國 38 年（1949），許多大陸各省軍民隨國民政府播遷來臺，並被集體安置於眷村，在數十年的共同生活之下，各省文化融合爲有別於臺灣本土的「眷村文化」。由於以往社會不像現在如此開放，加上資訊流通遠不如現在便捷，因此長期以來眷村始終維持著一定的封閉性及獨特性，甚至還帶有一絲神秘感。近年來傳統眷村陸續改建，以往的「眷村文化」因爲生活空間的大幅改變及社會變遷而大幅流失，尤有甚者，在以往眷村因蒙受著政府建多的資源，相較於一般社區經濟較爲優勢，然而近來卻逐漸居於劣勢。特別是傳統眷村因爲「眷村改建」政策的推行而逐步消失，因此「眷村文化」開始吸引大量的討論。

其中李宜潔的「眷村文化的形成與外省人的認同研究——以臺南縣仁和村爲例（1950～2007）」便指出，眷村是在國民黨與共產黨衝突下的歷史產物，它保留了中國文化來到臺灣而創造出獨樹一格的「眷村文化」。故此部分的論文除了針對「眷村文化」內容、獨特性及居民認同感的探討外，並論及在眷村改建的政策推行之下如何將此特殊的「眷村文化」保存下來，使其不至於流失在歷史的洪流裡。

三、與眷村歷史有關的論文主要有：

年份	作者	題　　　　　目	系　　所
2005	蕭瓊瑤	臺南市水交社眷村的環境與社會變遷	國立臺南大學社會科教育學系碩士論文
2006	黃文珊	高雄左營眷村聚落的發展與變遷	高雄師範大學地理學系碩士論文
2007	謝珍慧	戰後臺灣眷村的創建與演變——以臺南市眷村爲例	中興大學歷史所碩士論文

這部份的論文分別選定臺灣南部高雄、臺南兩大都會的三個眷村，敘述它們的歷史、發展與變遷。一般而言，由於戰亂不斷，眷村的起源相當早，而開始大規模形成則始於國民政府遷臺。

在蕭瓊瑤之「臺南市水交社眷村的環境與社會變遷」及黃文珊之「高雄左營眷村聚落的發展與變遷」兩篇文章中，詳細的介紹了臺南市水交社眷村及高雄左營地區眷村的歷史緣由、發展及近年面臨改建的經過情形。唯其探

討的對象為高雄市或是臺南市的眷村，與所處環境與屏東市眷村顯然有所不同。

四、與眷村生活型態有關的論文主要有：

年份	作者	題　　　　目	系　所
1980	張瑞珊	臺灣軍眷村的社區研究——以合群復興兩村為例	國立臺灣大學社會學研究所碩士論文
1996	吳佳倫	眷村改建後眷戶社會關係之研究——以臺中市莒光新城社區為例	逢甲大學建築及都市計畫研究所碩士論文
1997	呂秀玲	眷村的社會流動與社會資源——一個榮民社區之田野研究	東海大學社會學研究所碩士論文
2004	李佩芳	眷村改建後居民社區意識對公共環境管理維護態度影響之研究——以嘉義市精忠新城為例	逢甲大學土地管理所碩士論文
2005	陳谷萍	重探眷村生活：文化接觸下的女性情誼	雲林科技大學文化資產維護系碩士論文
2006	郭淑玲	眷村第一代女性居住空間遷移與休閒經驗之研究——以中壢馬祖新村婦女為例	國立臺灣師範大學公民教育與活動領導學系博士論文
2006	郭慶瑩	眷村老人對家居與鄰里環境轉變之體現——以臺北市婦聯六村改建國宅社區為例	臺灣大學建築與城鄉研究所碩士論文
2007	丘瑞棻	眷村改建與榮民生活適應之研究——以中壢市自立新村為例	元智大學資訊社會學研究所碩士論文
2008	周思諾	想我眷村的婆婆媽媽們：高雄海軍第一代眷村女性的生命經驗研究（1948～1967）	高雄醫學大學性別研究所碩士論文
2009	馬曉蘭	「我們」打從眷村來：眷村生活史的考察	東海大學社會學系碩士論文

　　此部分論文主要針對眷村生活型態進行研究，指出眷村生活型態，由於居民組成及職業特性而較一般社區有所不同。眷村改建後生活空間型態由以往的平面轉為現代的立體，水平式的連棟空間變成垂直高層的現代化集合住宅，居住環境既然有如此大的變化，生活型態自然與傳統之眷村有所不同，

特別是對老年人而言，甚至有些難以適應。此外，由於眷村居民主要職業以軍人為主，有時因為工作性質特殊必須長期離家，此時家庭管理、小孩管教等必須由女性主持，眷村女性角色較一般社區更為重要。

如馬曉蘭之「『我們』打從眷村來：眷村生活史的考察」便指出，眷村生活不單單是「國家力介入的生活」，而是具有包括國家、經濟、家庭、公眾和社會十分複雜和多樣的生活面向。並且認為，眷村改建將以往眷戶間的情感連帶和鄰居間類親屬的關係打散，讓以往每天的日常生活與互動，轉變成只有精神層次的連帶。

五、與眷村管理有關的論文主要有：

年份	作者	題　　　　　目	系　所
2005	王賢智	國軍老舊眷村改建後管理維護模式之研究——以臺北市健安新城為例	世新大學行政管理學研究所碩士論文

眷村改建，由於整個生活空間的改變，加上眷村文化、居民的特殊性，使得新式眷村的管理成為前所未有的經驗。此篇論文便是以臺北市健安新城為例，以問卷的方式對居民進行調查，在針對回收之問卷進行探討。

該論文指出就居民而言，整個社區管理維護模式與居民管理維護滿意度間有顯著相關。然而因為該論文並沒有一般社區管理作為對照且樣本過少，故所得之結果是否與其他眷村或是一般社區結果相同仍不得而知。

六、與眷村政治有關的論文主要有：

年份	作者	題　　　　　目	系　所
1998	梅再興	高雄市左營眷村選民投票行為之研究——民國七〇年市議員選舉與民國七十二年增額立法委員選舉之比較	國立中山大學中山學術研究所碩士論文
2002	楊双福	高雄縣眷村榮、家族群投票行為研究——以 2001 年立法委員選舉為例	國立中山大學政治學研究所碩士論文

目前臺灣的兩大政黨為中國國民黨和民主進步黨，兩個政黨有些政治主張有相當大的差異性，因此許多民眾的政治立場也是頗為鮮明。這兩篇論文主要是在討論眷村的政治立場，取樣的眷村均位在臺灣南部。

　　其中楊双福之「高雄縣眷村榮、家族群投票行為研究——以 2001 年立法委員選舉為例」便以高雄縣眷村及榮民之家的榮民為對象，依據高雄縣選舉委員會公佈的開票結果，輔以問卷調查，認為眷村、榮民之家在選舉時出現「族群動員」、「族群投票」的機率超過散居的眷戶。且論文提到眷村大多支持國民黨，惟這種情況似乎有日漸鬆動的情形。只是限於取樣數量，此種狀況是否為一般眷村的普遍現象尚不得而知。

　　由上述的文獻分析可觀察到幾件事情：

　　一、有關眷村論文於 2000 年後出現的數量開始有明顯的增加，這可能是眷村改建政策逐步實施，傳統之眷村已不斷消失，引起大眾的注意有關。

　　二、眷村改建在眷村的議題中算是最引人注意的，第一部分為針對眷村改建政策，例如該政策必要性、流程、效率、管理及內容等。這部分大多由管理學角度深入分析，或是由城鄉發展角度探討眷村改建的必要性。第二部份係從土地及生活空間切入，眷村改建後釋出的土地利用情形及改建後眷村生活空間改變。第三部份則是從經濟觀點切入，包括經費預算的運用及對相關產業造帶來的經濟效益等。但是這些論文多偏向眷改政策硬體產物或制度層面，較少就整個眷村改建的過程進行記錄與探討。

　　三、相較於臺灣本土性的文化，由中國大陸各地匯集而來的眷村顯得相當的封閉，相當的不同，甚至可以說是格格不入。而近年來，「本土化」與「去中國化」議題持續發燒，在這股熱潮中「眷村文化」如何自處，或者是說我們需要以何種觀念來看待「眷村文化」，甚至在整個眷村改建後是否會造成整個傳統眷村文化流失，在目前是一個屬於熱門的課題，甚至將眷村文化結合於觀光之中，因此關於眷村文化的討論與保存亦有不少論文有所著墨。

　　四、由於眷村改建政策的持續推動，原本眷村的生活空間由平面轉為立體，人與人間的相處模式與人際關係也受到相當大的衝擊，因此有關眷村生活型態因眷村改建而受到衝擊的論文也相當引人注意。

　　五、此外，其它如眷村歷史、眷村文學、眷村管理等，雖數量較少，但是仍有論文討論這些議題。

　　由上述的探討可以看出，目前眷村的論文著重在眷村改建政策和眷村文化及生活型態的探討。然而許多個別眷村的研究對象也大都集中在臺北或北部的都市，對於其他區域甚少著墨，更何況是與北部生活環境頗有差異的屏東市。屏東市眷村經過歷年來的改建，老舊眷村已經所剩無幾，原有的幾乎

都已經被新一代高樓大廈的眷村所取代，目前凌雲三村及大鵬七村兩個眷村
與屏東數個眷村的改建正在推行中。本論文的研究目的係以此兩個眷村為對
象，藉由探討這兩個眷村的建立、發展的歷史過程，研究屏東市眷村的起源。
而後進一步研究目前保存眷村文化活動、成立「眷村文化園區」的情形，並
敘述此兩個眷村面臨「眷村改建政策」時的一些變化，以及屏東市眷村改建
情形和這政策對兩個眷村的衝擊和影響。

第三節　研究方法及論文架構

本論文內容主要係以屏東市大鵬七村、凌雲三村為對象，進而探討屏東
市眷村目前的情形及改建的進度，論文結構大致如下：

第一章為緒論，由於近年來眷村改建政策的推行，屏東市的老舊眷村逐
漸消失，失去空間的傳統眷村文化將漸漸融入臺灣，如何面對並處理這個問
題變成了本論文的研究動機及目的。本論文的研究方法係以歷史研究法和社
會科學相關理論與方法，希望兩者相輔相成，取得最佳的研究成果。

第二章為論述研究主題之基本資料：本章第一節首先就屏東六塊厝地區
的歷史緣由、地理環境及人文環境做一介紹。第二節則是敘述日本將航空事
業引進臺灣的緣由，並以屏東為最早發展之所在，將航空技術實際用於平亂、
測量及救難等。而後為了南進政策，日本繼續在屏東從事各項航空事業發展，
例如航空部隊的擴編、機場硬體設施的擴建等，進而使屏東成為日本在臺灣
航空重鎮。第三節則是敘述二戰結束後國民政府接收臺灣並繼續沿用屏東機
場，就地接收日軍在屏東的各項軍事裝備設施，並在民國 38 年（1949）轉進
來臺時正式進駐空軍作戰部隊，使屏東基地在臺灣軍事上繼續扮演重要的地
位。

第三章為大鵬七村、凌雲新村的歷史進程論述。早在日據時期，日本為
了解決進駐屏東基地官兵之居住問題，便開始在現今屏東市勝利路、青島街
一帶興建軍事人員宿舍。而後國民政府遷臺，為了安置來臺的軍眷，軍方除
了繼續沿用日據時期屏東市的日本軍事人員宿舍外，並在機場內部興建眷
村，即當時屏東市的北機里、勝利里、健康里及光明里。爾後婦聯會開始推
行捐建眷舍運動，在屏東機場附近興建了大鵬七村及凌雲三村，至此兩個眷
村正式步上了歷史舞臺。

　　第四章則為大鵬七村、凌雲三村兩眷村的介紹，包括房舍類型、眷村居民早期生活、村內自治組織等。此外，對於位在眷村內，同時也是屏東市規模最小的小學——凌雲國小，以及位在眷村內，並積極在兩個眷村內從事各項眷村社會服務工作的教會——六塊厝教會做了一番介紹。

　　第五章第一節則是探討目前政府所執行的眷改政策內容，新、舊制的比較，並提及外界對此政策公平性之討論。第二節則論及目前屏東市執行眷村改建政策的現況，以及屏東市近年來規劃中的眷村文化園區執行狀況。第三節敘述在大鵬七村、凌雲三村在「崇仁新村」發包後的改建進度，第四節則是對目前各地紛紛申請設立「眷村文化園區」的現象及「眷村文化園區」的現象做討論，並分析影響與日後可能遭遇的問題。

　　第六章則是以臺灣僅次於臺北的眷村大縣——桃園縣，和同樣因為日據時代興建左營軍港、日後成為國民政府海軍重要基地並因而興建許多海軍眷村的左營為例，就兩者眷村改建的過程及影響，與屏東市眷村改建做一比較與探討。

　　第七章為結論，隨著這波眷村改建，屏東市整個傳統眷村即將全部走入歷史，因此本章就屏東市的眷村歷史從日據時代屏東機場的開闢、飛行部隊的進駐，以至於而後國民政府遷臺、空軍部隊大量進駐，屏東市開始出現許多傳統眷村，乃至於眷村改建政策的推行、老舊眷村逐漸消失，大鵬七村、凌雲三村也將消逝於歷史舞臺的過程做一回顧，並探討其改建措施對眷村的影響、「眷村文化園區」設立的期許以及日後建議的研究方向。

　　本論文以歷史研究法為主，兼採社會科學相關理論與方法為輔，研究方法者主要採用下列三種：

一、文獻蒐集法

　　文獻蒐集法主要是關於國軍眷村各項書面資料，主要有下列數種：

1、書籍

　　目前市面上有關於眷村的書籍相當多，此外，一些關於歷史以及近代二戰時期關於臺灣的戰史亦在本論文資料蒐集的範圍。

2、期刊

　　由於國軍眷村有相當部分係由婦聯會所捐建，婦聯會自然為本論文討論主題之一，因此婦聯會之刊物「中華婦女」中有關於眷村的報導亦為研究之

重點。此外，並有部分軍事雜誌對國軍歷史文物的保存亦稍有著墨，因此亦為本文參考資料之一。

3、論文

如與眷村各方面有所涉及之論文。

4、影音資料

因為眷村改建，許多單位或文史工作者開始對眷村居民做口述訪談，有的拍成記錄片。此外本文研究主角「大鵬七村」之凌雲國小亦曾經製作過一份關於「大鵬七村」、「凌雲新村」的介紹，此亦為本文蒐集之資料。

5、報紙

因為屏東市眷村改建正在進行中，因此各報屏東地方版偶爾會有關於「眷村」的新聞出現，雖然對整個「眷村改建」而言只是隻鱗片爪，但仍有參考價值。

二、口述訪問

主要對象如下：

1、眷村內的居民

因為眷村相較於一般社區，是屬於較為封閉的社區，居民的同質性較高，惟平日與一般社會較少互動，尤其是較為年長的居民。因此筆者訪問了數位較具代表性的眷村老榮民，藉由此取得不少的口述歷史資料。

2、兩個眷村的里長

這兩個眷村里長均擔任多年，目前也正在經手處理眷村改建的各項事宜，因此進行訪問。

3、屏東市文史工作者

屏東市目前有數個文史工作協會，筆者亦數度訪談其成員，聽取其對目前屏東市眷村改建及文化保存的相關意見。

4、其他

另有筆者認為需要而未列其上者，如眷村內六塊厝教會之羅明遠牧師及其夫人，凌雲國小林春如校長，凌雲國小柔道隊吳俊良教練等。或者是政府單位，如屏東縣地政處、戶政事務所等。

三、實地踏查

　　目前大鵬七村、凌雲三村正處於遷建中，許多眷戶陸續搬遷，導致許多眷舍已經是無人居住狀態，因此筆者實地走訪兩個眷村及其他屏東市已完成遷建的眷村，並拍攝了一些照片作為紀錄。此外，對於未來「大鵬七村」、「凌雲三村」即將遷往之「崇仁新村」基地，筆者亦前往拍攝其施工情形，希望能為其留下影像紀錄。

第二章 六塊厝地區的歷史與緣起

第一節 屏東六塊厝地區自然與人文環境

高屏溪，舊名下淡水溪，發源於海拔 3952 公尺的玉山山脈玉山主峰，主流河長 171 公里，為全臺第二長河，也是臺灣南部最重要的河川之一。主流流經南投縣南端、嘉義縣東端、臺東縣西端，及高雄市 12 個區、屏東縣的 9 個鄉和屏東市，流域面積廣達 3256.85 平方公里，為臺灣流域面積最大的河川 [註1]。

高屏溪的中下游為高雄市、屏東縣之界河，與東港溪、林邊溪和士文溪四條河流合力沖積而形成屏東平原。屏東平原位於臺灣西南部，南面是臺灣海峽，東面是中央山脈，西面是高屏溪與鳳山丘陵，北起六龜、美濃、旗山一線，南到九曲堂、林園一線。整個平原南北約 60 公里，東西約 20 公里，面積約為 1100 平方公里，為臺灣第二大平原，僅次於嘉南平原。

〔註 1〕 經濟部水利署全球資訊網網站，網址：http://www.wra.gov.tw/ct.asp?xItem=20085&CtNode=4366，查詢日期：2011.5.4。

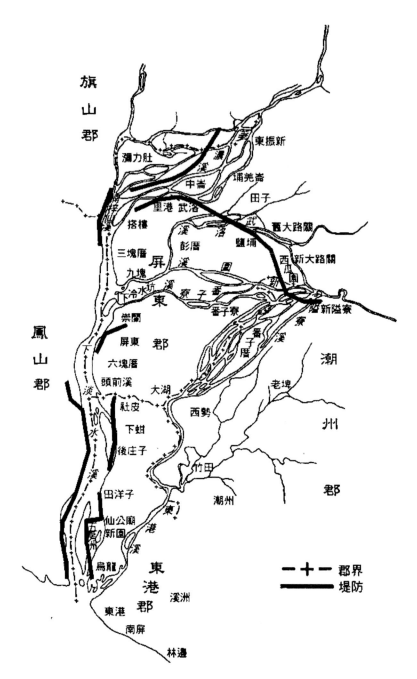

圖一：日據時代下淡水溪整治工程圖

資料來源：楊政寬，《臺灣地名辭書》，臺灣省文獻會，2001 年，頁 39。

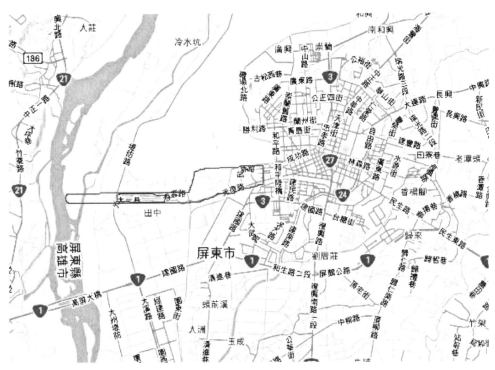

圖二：屏東市六塊厝地區位置圖

說明：紅色線所圍之區域即屏東市俗稱六塊厝之區域，現在所謂的「六塊厝」，可能
　　　較以往為小，而且並不是正式的行政區域名稱，而是地區的小地名，大致是屏
　　　東市大同路以西、光復路以北、屏東機場以南及高屏溪以東之區域，而藍色線
　　　所圍之區域即「大鵬七村」和「凌雲三村」所在之位置。

資料來源：maps.google.com.tw，查詢日期：2011.3.31，紅線及藍線為筆者所加。

　　高屏溪在流經屏東縣時左側依序為屏東縣里港鄉、九如鄉，再抵達屏東
市的潭墘里和鵬程里。據統計，高屏溪流域內平均雨量每年達 3046 公厘，年
輸砂量是 3561 萬噸，居全世界第 11 位〔註2〕。而且高屏溪位在臺灣南部，雨
量分布非常不集中。冬季時雨量稀少，因此河中水量小如涓絲銀布，河床中
沙洲處處，鵝卵石清晰可見。而夏季四、五月時正值梅雨季節，集水區大量
的降雨，或是七、八月颱風伴隨大量的降雨直撲而來，此時往往山洪暴發，
滾滾河水暴漲，河流寬度驟然擴大好幾倍，因此沿岸的田園廬舍，常被被大
水沖壞。

─────────

〔註 2〕 經濟部水利署全球資訊網網站，網址：http://www.wra.gov.tw/ct.asp?xItem=
　　　　20085&CtNode=4366，查詢日期：2011.5.4。

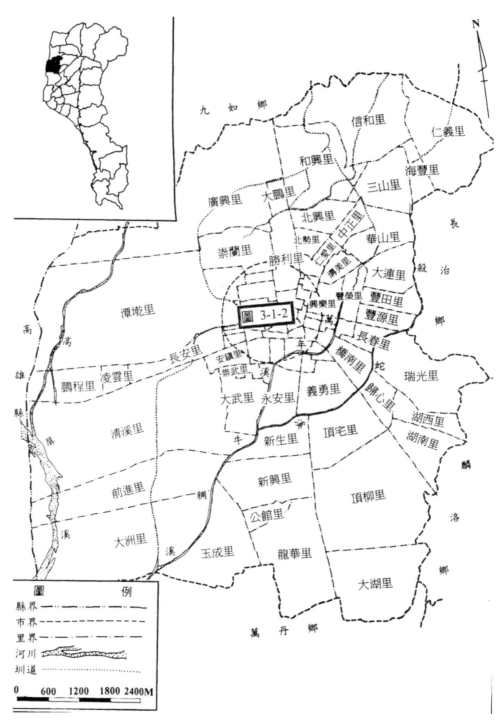

圖三：屏東市行政區域圖

資料來源：楊政寬，《臺灣地名辭書》，臺灣省文獻會，2001年，頁42。

　　在較早時期，如果河川有灌溉或航行之利，河岸常常能夠因勢利導，發展出較具規模的聚落或城鎮。然而六塊厝地區雖然位處高屏溪畔，但是因為高屏溪乾濕季河水流量相差過大，難有航行之利，再加上河床寬度變化相當劇烈，以當時的科技很難克服這種自然問題，對農業的發展自然有所妨礙。如圖四所見，當時正值枯水期，河床絕大部分為沙洲，河水流幅僅存涓涓細流。然而在夏天雨季，河流流幅頓時擴大數倍，河水流量暴增，故高屏大橋曾有被河水沖斷之紀錄。因此六塊厝地區在早期並沒有發展成為相當規模的聚落，甚至相對於屏東市區，開發反而比較落後。

圖四：由高屏大橋所攝之高屏溪，許雄飛攝，2011.4.19。

　　而歷史人文方面，屏東平原早期是屬於馬卡道族的活動區域，荷治時期屏東平原的社址大抵如下〔註3〕：

　　　1、放索社（Pangsoya），位置大約為後來的林邊鄉水利、田厝、崎鋒等村。

　　　2、茄籐社（Cattia），位置大約為後來的南州鄉萬華村。

　　　3、武洛社（Dolatock），位置大約為茄籐社與力力社之間，但靠近茄籐社，因此於1645年四月之後合併於力力社。

　　　4、力力社（Netne），位置大約為後來的崁頂鄉力社。

　　　5、下淡水社（Tapouliangh），位置大約為後來的萬丹鄉香社。

　　　6、上淡水社（Verrovorongh），位置大約為後來的萬丹鄉社皮。

〔註3〕簡炯仁，《屏東平原平埔族之研究》，臺北：稻香出版社，2006年，頁114。

7、萬丹社（Pangdangh），位置大約爲後來的萬丹鄉萬丹莊。

8、阿猴社（Akauw），位置大約爲後來的屏東市。

9、搭加裡揚社（Taccariangh）位於〔乾隆中葉臺灣輿圖〕中巴六溪南岸的巴轆莊，約後來的九如鄉武洛溪對岸，唯此說今似乎有所爭論。

10、塔樓社（Swatelauw），位置大約爲後來的里港鄉塔樓、潮厝一帶。

由上述記載可知，以阿猴社（Akauw）和搭加裡揚社（Taccariangh）活動區域較爲接近六塊厝地區。這些平埔族的生產型態是以傳統之耕種或游獵爲主。耕種是屬游耕旱田日曬法，社民種植的作物多爲陸稻、黍糯、番薯等，而游獵主要的對象應該是梅花鹿。而且一般而言，屏東平原平埔族農耕技術似乎也有一定的水準。早在荷蘭治臺時期，屏東平原便有稻米輸出到熱蘭遮城的紀錄，如《熱蘭遮城日誌》的記載〔註4〕：

　　1634 年 3 月 26 日：今天有一艘戎克船從（下）淡水載鹽和稻子來
　　　　　　　　　　　到此地。

　　1634 年 4 月 1 日：約中午有一艘戎克船從（下）淡水載 3 至 4 lasten
　　　　　　　　　　的紅米，14 至 15 擔剖開的內地蘿藤抵達此地。

　　1634 年 4 月 3 日：有北風，今天有一艘戎克船從（下）淡水載 30
　　　　　　　　　　束剖開的蘿藤、稻子和 75 枚鹿皮抵達此地。

　　1637 年 3 月 5 日：有一艘戎克船執我們的通行證出航，要去（下）
　　　　　　　　　　淡水購醃好的烏魚和稻米，然後運回此地。

雖然當時屏東平原已有馬卡道人居住，但應該還是有許多尚未開墾的土地，特別是高屏溪畔的六塊厝地區，因爲高屏溪河水不定時氾濫，大規模的開墾可能有所困難。等到永曆 16 年（1662），鄭成功佔有臺灣後，鑒於臺灣「土厚泉甘、膏壤未闢」的優良條件，開始興兵屯田。具體的措施，將軍隊以「鎮」或「營」爲單位，攜帶必要的器材與糧食至指定的地點開墾荒地，藉以達到「插竹爲舍、斬茅爲屋，野無曠土，軍有餘糧，而養軍自是無患」的目標。這些屯墾地區，文獻記載及今尚存可考據者有三十四處，其中十六處位於臺南市，十七處位於高雄市，一處位於屏東縣車城鄉〔註5〕。其中中全庄，爲中權鎮所開墾，位置在現在高雄市鳳山區，距離六塊厝地區最近。

〔註 4〕 江樹生，《熱蘭遮城日誌（一）》，臺南市：臺南市政府文化局，2002 年，頁
　　　　152～297。

〔註 5〕 臺灣省文獻委員會，《臺灣省通志卷九革命志驅荷篇》，臺北：臺灣省文獻委
　　　　員會，1970 年，頁 69～71。

等清朝領有臺灣後，雖然臺灣大部分仍屬未經開發的地區，但是臺南一帶卻已人口飽和，所謂：

> 臺地窄狹，又迫郡邑，田園概係僱時開墾，年久而地磽，力農者每
> 多用糞，非如鳳，諸新墾之地，不蒔而秀且實也；其民多勞〔註6〕。

在此壓力下，過剩或新移民的人口便往南、北移動，間接促進了屏東平原的開發。在康熙中末起到乾隆初期，約爲 1680 年代到 1730 年代，大批的漢人移入了屏東平原，使得原本呈現點狀分布的漢人屯墾區和先住民爲主的聚落，在三、四十年之間形成了較熱鬧的「街」、「庄」單位。屏東區最早形成的街應該是新園、萬丹二街，這二街約形成於 1710 年代（康熙 50 年代），當時是淡水溪最近港口的平原地帶。而在 1730 年代（雍正末——乾隆初），閩粵人沿淡水溪、東港溪上溯而墾殖的聚點也形成了阿猴街、崁頂街，該地也聚集了與先住民社區（阿猴社、力力社）進行交易的漢人。而在屏東市方面，康熙 21 年（1684），一批來自福建省海澄縣的移民在屏東市附近建立了村落，成了屏東市第一批的墾民〔註7〕。康熙 42 年（1705），又有漢人請墾屏東市西側，亦即下淡水溪左岸的地區，六塊厝地區應該也是在這時期逐漸開墾起來〔註8〕，但是因爲受到下淡水溪行水區忽大忽小的原因，正式定居的聚落似乎僅限於現今屏東市長安宮以東，當時在六塊厝地區長安宮以西之地仍爲河川地，因此可推測終清代之世，六塊厝地區始終處於低開發的程度。

等日本在初步平定臺灣漢人的反抗後，於明治 31 年（1898）7 月 17 日公佈「臺灣地籍規則及土地調查規則」，開始對臺灣西部平地實施大規模的地籍調查、三角測量及地形測量等。這次調查除了清查隱田、增加總督府稅收，確立的土地所有權，讓臺灣土地所有權單一化之外，也讓總督府能針對大量的公有地進行開發。而在這波的調查之中，總督府殖產局將下淡水溪東岸河濱地依上、下游的順序依序命名爲九塊溪浦、宗蘭溪浦、西勢溪浦和東港溪浦。其中宗蘭溪浦就是武洛溪下游河道以南、下淡水溪以東，也就是接近今日的六塊厝地區。當時六塊厝地區因爲屬於時而出現、時而泡水中的溪浦地，種植農作物的經濟效益極低，若主張擁有所有權可能無利可圖，甚至可能因

〔註6〕陳文達，《臺灣縣志》第一冊〈輿地志一風俗〉，臺灣文獻叢刊第 103 種，臺灣銀行經濟研究室，1967 年，頁 57。

〔註7〕鍾喜亭，《認識屏東縣》，屏東：國立屏東師範學院，1992 年，頁 2。

〔註8〕利天龍，〈馳騁下淡水：尋找日治時期的六塊厝馬場〉，收於社團法人屏東縣社區大學文教發展協會，《第五屆屏東研究研討會　大家來寫屏東》，頁 272。

爲賦稅而得不償失，因此沒有人對其提出所有權，自然而然在調查中被日本政府劃爲國有地。

　　日本政府將六塊厝地區收歸公有後，於大正5年（1916）在此處設立「六塊厝苗圃」，並培養大量優良的甘蔗種苗供恆春製糖會社使用。然而昭和2年（1927）7月16、17日暴風雨侵襲，六塊厝苗圃事務所和苗圃均毀於這次天災，此後殖產局對六塊厝地區就沒有確定之用途，除了出租給大日本、鹽水港兩家製糖株式會社外，也將其以一般市價一半的價格放租給農民耕種，只是每年承租的農民及承租的面積沒有固定，六塊厝地區種植值作物的種類、面積自然也就不盡相同。除了農業用途外，殖產局也於昭和8年（西元1933）撥出部分地區興建堤防，昭和10年（1935）撥出部分地區開闢屏東機場，甚至在昭和5年（1930）時批准了屏東愛馬會理事長宮添環向日本政府申請租用「六塊厝苗圃」內15.9807甲土地作爲競馬場之用，此即日後之六塊厝競馬場。六塊厝競馬場的競馬場活動至少仍持續到昭和16年（1941）間的春季，直到昭和17年（1942）3月17日，因爲太平洋戰爭爆發，日本政府將當時六塊厝地區出租作爲苗圃地和競馬場的土地收回轉供「臺灣軍」無償使用，後來並作爲擴建屏東機場之用〔註9〕。

　　在明治37年（1904）間完成之的「臺灣堡圖」仍可清楚的看到，現今整個大鵬七村、凌雲三村直到長安宮附近，都是位在當時下淡水溪的河床上。後來因爲河水氾濫情形受到了控制，河床不再乎大忽小，河濱地的開發也就較以往爲便利。在河水氾濫的問題解決後，加上當時六塊厝地區地勢平坦，開發較遲，又早已編入殖產局管轄，成爲官有之苗圃地，沒有大規模的人口聚居，爲日本選定此地興建機場的原因之一。

〔註9〕利天龍，〈馳騁下淡水：尋找日治時期的六塊厝馬場〉，收於社團法人屏東縣社區大學文教發展協會，《第五屆屏東研究研討會　大家來寫屏東》，頁294。

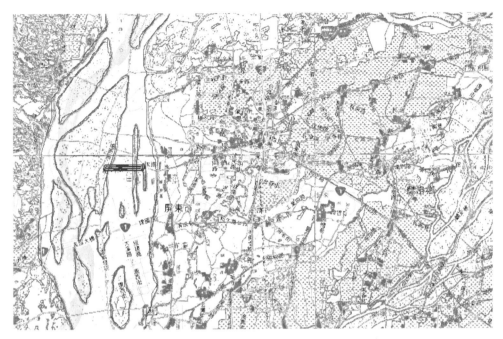

圖五：臺灣堡圖所繪之屏東六塊厝地區圖

說明：紅色線爲當時高屏溪河岸，藍色區域爲現今「大鵬七村」、「凌雲三村」位置，
　　　綠色點爲現今六塊厝地區長安宮。

資料來源：臺灣新舊地圖比對──臺灣堡圖（1898～1904），gissrv5.sinica.edu.tw/Google
　　　App/JM20K1904_1.htm，查詢日期：2011.3.31，筆者重新繪製。

第二節　歷史緣由──日本南進政策與屏東航空的發展

　　日本，是一個位於亞洲大陸東部的島國，自德川幕府鎖國政策以來便與
外界少有來往。由於科技文明的落後，在近代西方列強勢力進入亞洲時，與
中國同屬「人爲刀俎，我爲魚肉」、任西方列強宰割的對象。但在「明治維新」
後，國力大增，先後於明治28年（1895）甲午戰爭打敗中國、明治38年（1905）
日俄戰打敗俄國，成爲東亞崛起的新興強國。

　　在甲午戰爭中擊敗中國後，日本擁有了第一個殖民地──臺灣，對臺灣
的治理，特別是擁有許多資源，但地形險惡又有許多原住民的山區，自然也
是一大課題。在治臺之初，日本政府將軍事力量集中在平定平地住民的抵抗，
因此對於山區暫時採取不強力干涉的「綏撫政策」。等到明治38年（1905）

第五任有著「理蕃總督」之稱的佐久間左馬太上任，當時平地住民的反抗已大致消彌，因此對山區的統治政策也由原先的「綏撫政策」漸漸轉爲「掃蕩生蕃」〔註10〕。除了制定由明治38年（1907）至大正3年（1914）的兩次「五年理蕃計劃」外，並以優勢的軍事力量開始對原住民展開武力征伐，再佐以「隘勇線」加以圍困。但因爲臺灣山地許多地區地形十分險惡，因此日本政府便打算將當時堪稱是尖端科技的航空技術引進臺灣，以配合地面部隊對臺灣山區做徹底的了解和控制。

當時最重要的航空器莫若於氣球和飛機，日本對於氣球的運用相當早，早在明治3年（1870）普法戰爭時，日本便曾派遣觀察團前往考察氣球在戰場上的運用情形。明治40年（1907）由軍方及民間共同成立了「臨時軍用氣球研究會」，藉以研究氣球在軍事之用途並隨時掌握歐美在這方面最新進展〔註11〕。總督府原先計畫引進氣球並將其運用在「理蕃事業」，惟在評估臺灣地形、費用及目的後取消。明治45年（1912），臺灣總督府自海軍省借調當年6月方成立、配置法製水上飛機（Maurice Farman seaplane，1912型）的海軍航空隊來臺，除了是飛機在臺灣首度的飛行外，也對臺灣山區森林攝影，留下了一套寶貴的「臺灣森林寫眞」〔註12〕。

在大正末期及明治初期，「蕃人觀光」是臺灣總督府「理蕃政策」的政策之一，即邀請原住民之頭目或幼童前往日本或臺北參觀日本各項現代化之政策，其中航空科技的各項器材又是其中最具「震攝」效果的項目，因此總督府也曾數度舉辦「飛行表演」邀請原住民或臺灣民眾觀賞。

大正6年（1917）六月，日本陸軍工兵有川鷹一大佐以「臺灣耐熱飛行班」班長名義，率領所屬陸軍航空隊四架戰鬥機正式進駐臺灣，這是日軍航空武力正式進駐臺灣的開始。「臺灣耐熱飛行班」共計飛行了一百四十七航次，獲得了相當多寶貴的熱帶飛行經驗與資料，這些對日後日本航空部隊的

〔註10〕 其實對臺灣山區原住民以「蕃」形容是一種不尊重的行爲，但因基於尊重史實，本文不得不延用此一名詞，但作者絕無貶低或蔑視原住民之意思。

〔註11〕 而後日本曾經數次將軍用氣球投入戰場，如1937年上海淞滬會戰及1939年諾門罕戰役。見於滕昕雲，《抗戰時期陸軍武器裝備──步兵炮／防空砲兵篇》，臺北：老戰友工作室，2003年，頁64。及阜應、王鑽忠，《改變歷史的戰爭》，臺北：知兵堂出版社，2007年，頁144。

〔註12〕 曾令毅，〈日治時期臺灣航空發展之研究（1906～1945）〉，淡江大學歷史系碩士論文，2008年7月，頁22。

進駐臺灣有著相當大的助益〔註13〕。當時阿緱廳轄下「藤枝分遣所」也正好發生原住民襲擊事件，因此總督府趁此機會邀請「臺灣耐熱飛行班」參加討伐工作，進行所謂「蕃界威嚇飛行」，而對於發生襲擊事件的番社則實施「空投炸彈演練」。實施前先在臺北作公開之飛行練習與表演，官方曾如此記載參觀原住民之感想：

> 有發現機體於空中而歡呼跳躍者；有聽見音響於林外狼狽潛匿者；
> 有看見炸彈爆炸之狀況而呆然不知所措者；有人大聲喊叫是否做夢
> 者，其驚訝之表情無法形容。現舉感想一般：曾聞飛機來平地，但
> 未曾來番界，如今突然進入蕃地恐怕是為偵查地形而來；又曰：乘
> 飛機者是軍人而無警察官，今後番社之討伐可能有飛行軍人參加，
> 我等無論如何決不可抗拒官命；又曰：我等的戰法是潛伏狙擊敵人，
> 然而若從機上俯瞰絕無藏身之地，日本人無事不能為，實在可畏；
> 又曰，若機上搭載許多炸彈來番社上空投擲，就算是我們勇敢防禦
> 戰鬥，也難以抵擋……〔註14〕

此段記載或有些許誇張之處，但對原住民「震攝」效果之大當屬於庸置疑。正因如此，臺灣總督府決定在臺灣正式設置飛行部隊，並開始著手飛行場預定地之調查，由鳳山、楠仔坑及六塊厝三處候選地點進行評估。而後考慮鳳山附近將興建海軍無線電信所，未來更將作為準要塞地帶，不易尋得飛行所需平坦且適當的地段。而楠仔坑方面，該地多為民有地，因接近海岸，比較容易受海、陸風影響，而且附近有半屏山，更不利飛機起降。而六塊厝因為地勢平坦、交通方便、風向穩定，而且又全屬官有地。因此最後選定了位於臺灣南部阿緱廳六塊厝下淡水溪附近的苗圃預定地作為航空班飛行場預定地〔註15〕，並由土木局開始施工。大正九年（1920）11月21日，臺灣有史以來第一座飛行場「屏北飛行場」正式啓用，原先在臺北馬場町復訓的警察航空班正式進駐，屏東機場正式登上了臺灣航空的歷史舞臺。設立之初的警察航空班曾經飽受失事及人員缺乏的困境，但因為「理蕃政策」的需求，總督府始終給予相當的支持，而後經過人員的培訓及飛機的陸續補充總算度過了難

〔註13〕 鍾堅，《臺灣航空決戰》，臺北：麥田出版股份有限公司，1998年，頁51。
〔註14〕 臺灣總督府警務局，〈陸軍飛行機／蕃地飛翔〉，《理蕃誌稿》第三卷，臺北：臺灣總督府警務局，1921年，頁362～363。
〔註15〕 徐國璋，《臺灣總督府警察沿革誌（第一篇）中譯本Ⅱ》，臺北：國史館臺灣文獻館，2007年，頁209。

關，警察航空班的運作漸漸上了軌道。在當時，警察航空班堪稱是臺灣島內最具威嚇與教化性質的「理蕃單位」〔註16〕，也因爲警察航空班的設立，讓各種航空經驗、設備乃至於管理技術等陸續被引進臺灣。

　　當日本在臺灣戮力經營的同時，國際環境也產生了微妙的變化。當初日俄戰爭時，爲了制衡俄國在東亞擴張勢力，日本得到美國、英國的支持，儼然成爲英、美勢力在東亞的代理人，因而日俄戰爭獲勝後，日本逐漸廢除了不平等條約，列強也將駐日大使提升爲大使級，使得日本的國際地位大爲提升。但是日俄戰爭後日本在南滿、朝鮮大肆擴張勢力，並極力排除美國介入的舉動讓美國漸漸感到不安。而日本、美國雙方的衝突後來更因爲美國兼併「夏威夷」王國而逐步浮出檯面，1898 年美國在美西戰爭中戰勝西班牙取得古巴、關島和與臺灣近在咫尺的菲律賓，對日本而言，所謂「臥榻之側，豈容他人酣睡」，此舉更使美、日兩國在太平洋的角逐逐漸白熱化。1907 年，美國總統西奧多・羅斯福（Theodore Roosevelt）下令在蘇比克灣海軍基地構築永久性工事〔註17〕，並在後來制定了針對日本作戰的「橙色計畫」，美國、日本在太平洋軍事對峙的格局基本形成〔註18〕。

　　美日的另一個衝突點則是中國問題，日本在中國大陸積極的擴展勢力引起美國的注意，第一次世界大戰英國與日本組成「英日同盟」在戰後的「華盛頓會議」中廢除。大正 11 年（1922）2 月 6 日，華盛頓會議中在美國強力主導下由美、英、法、日、比、義、荷、葡、中簽訂了《九國關於中國事件應適用各原則及政策之條約》，亦即《九國公約》，強調中國「門戶開放」、各國「機會平等」，此舉無疑使日本對中國之侵略遭到了重大的挫折。而「華盛頓會議」中所協定的「華盛頓海軍軍縮條約」規定美、日海軍戰艦噸位比爲10：6〔註19〕，雖然最後日本接受了這條約，卻也使美、日的衝突更進一步的尖銳化。爲此，該年日本「大正十二年帝國國防方針」便將美國列爲第一假想敵，並制定「陸軍應協同海軍儘速對呂宋島進行攻略」之用兵綱領，臺灣

〔註16〕曾令毅，〈日治時期臺灣航空發展之研究（1906～1945）〉，淡江大學歷史系碩士論文，2008 年 7 月，頁 62。

〔註17〕而二次世界大戰期間擔任美國總統之富蘭克林・德拉諾・羅斯福（Franklin Delano Roosevelt）爲其遠房堂弟。

〔註18〕閻京生，《菊花與錨——舊日本帝國海軍發展史》，臺北：知兵堂出版社，2007年，頁 175。

〔註19〕吳沛晃，〈中日關於山東問題之交涉（1921～1922）〉，國立政治外交學系碩士論文，2000 年 7 月，頁 46。

的軍備由以往的防禦性質逐漸轉變爲進攻性質〔註20〕，因此航空武力的持續發展與飛行部隊的進駐也就成了再自然也不過的事了。

　　然而由於日本先天資源、版圖遠不及美國，特別是堪稱最重要戰略物資——石油的嚴重不足，即使在取得中國大陸的東北後情況仍未能徹底解決，爲了取得足夠的資源與美國對抗，對外擴張也就成了必然的做法。當時日本對於對外擴張的主張有二：一是北進，一是南進。北進政策，是以當時俄國爲假想敵，目標在俄國西伯利亞濱海省及阿穆爾省。但是先有朝鮮駐屯軍於昭和13年（1938）7月張鼓峰〔註21〕事件受挫於俄軍，後更有關東軍於昭和14年（1939）5月諾門罕事件〔註22〕慘敗於俄軍，特別是後者，日軍傷亡比例之高讓日本幾乎徹底斷了與俄國開戰的念頭，也因此日本將眼光逐漸轉向了南方。

　　然而，對南洋用兵，勢必與當時擁有菲律賓之美國發生衝突，因此無論如何，加強臺灣的軍力對日本而言都是必要的。昭和2年（1927），原駐於日本九州太刀洗的陸軍飛行第八聯隊正式移防進駐臺灣，並明載其移防原因爲「三國軍縮會議」，昭和3年（1928）2月19日舉行開隊式，肩負起臺灣防空作戰和理蕃清剿支援任務，而警察航空班的裝備和任務均被併編，結束了階段性歷史的任務。截至昭和5年（1930），第八聯隊計轄有一偵查中隊、一作戰中隊、聯隊本部及材料廠，編制有人員三百餘人，飛機約21架。霧社事件爆發，第八聯隊派遣官士兵四十一人，調集川崎製乙式戰鬥機五架以埔里爲前進基地，協助地面部隊執行鎭壓任務，並於三週內投擲了近千枚包含瓦斯彈內的各式炸彈〔註23〕。而昭和10年（1935）4月21日臺灣中部發生大地震，第八聯隊也負起非常重要的救難支援任務。除了針對災區做全面性的偵察飛行，並進行空中攝影以提供了新竹州及臺中州救難措施的準確情報。而在震

〔註20〕曾令毅，〈日治時期臺灣航空發展之研究（1906～1945）〉，淡江大學歷史系碩士論文，2008年7月，頁68。

〔註21〕昭和13年（1938）年7月30日至8月11日發生在日本佔領的滿洲國（中國東北）與蘇聯遠濱海邊疆區哈桑縣交界處張鼓峰的武裝衝突事件，雙方於8月11日交涉停戰，張鼓峰仍爲蘇聯所控制。

〔註22〕昭和14年（1939）5月間日本關東軍與蘇聯在諾門罕附近（今中國內蒙古呼倫貝爾西南部，阿爾山以西）所爆發之武裝衝突，關東軍負於蘇聯，第7師團及第23師團遭到重創，雙方於9月16日停火，事件最後以日本退讓，承認現存邊界結束衝突。

〔註23〕曾令毅，〈日治時期臺灣航空發展之研究（1906～1945）〉，淡江大學歷史系碩士論文，2008年7月，頁73。

災地交通斷絕的情況下，第八聯隊也利用其飛機擔任食物、醫療材料及收容民眾暫居的帳蓬等物品的傳遞任務〔註24〕。

昭和11年（1936）第八聯隊擴編爲第三飛行團，下轄飛行第八及第十四聯隊，司令部及飛行第八聯隊駐地仍在屏東。昭和12年（1937），屏東機場又設立了日本第三座的「陸軍航空支廠」，昭和15年（1940）更設立了「屏東陸軍航空青年學校」，而後這些設施與部隊在日後的太平洋戰爭中發揮了相當的作用〔註25〕。

民國26年（1937），中日八年抗戰爆發，由於中華民國空軍實力遠不如日本，臺灣並沒有受到直接的空中武力威脅，因此日本政府先後將駐紮屏東之空軍武力陸續抽掉前往支援中國大陸戰場，留守之少數兵力負責自身防空作戰之用。隨著戰事的逐漸延續，苦撐待變的中華民國持續自中國大陸西南方獲得西方各國斷斷續續的支援與日本周旋。然而日本漸漸發現以其資源、國力等並無法同時負擔中國大陸戰場的消耗及未來會爆發之美日衝突，因此亟需獲取更多的資源，而當時的南洋群島近在咫尺，沒有值得一提的軍事防衛力量，又擁有鎳、礬土、鐵、金、錫、橡膠和日本亟需的石油，若能奪取此處，不僅可以獲得資源支撐其在中國大陸的作戰，亦足以應付日後可見之美日衝突〔註26〕，因此，奪取南洋群島就成了日本預計在開戰後首要的目標。

而後，臺灣因爲其地理位置位在日本通往南洋的要衝而扮演了較以往更重要的角色，畢竟對於絕大部分國土位在溫帶的日本而言，爲了日後極可能用兵的熱帶南洋，同樣處於熱帶和副熱帶的臺灣無疑是最佳的練兵場所，許多預定投入南洋戰場的日軍飛行部隊紛紛調至臺灣受訓，臺灣的軍事地位日益重要。而後，日本在臺灣的航空部隊編制持續擴大，爲此並開始擴建屏東機場，即今日所稱之北機場。首任第3飛行團飛行團長爲值賀忠治少將，當時的飛行連隊長官舍即位於屏東「崇蘭官舍群」，民國34年（1945）國民政府接收臺灣後，孫立人將軍被派到鳳山訓練基地擔任陸軍訓練司令，便選擇了這棟官舍作爲駐地官邸。民國44年（1955）發生了孫立人事件，這棟官舍被改爲空軍招待所。而後屏東縣政府向中央爭取作爲歷史建築，軍方於民國86年（1997）移交給屏東縣政府，縣政府將其做爲「屏東縣族群音樂館」，民國94年（2005）起開放讓民眾參觀。

〔註24〕臺灣總督府，《臺灣震災誌》，臺北：臺灣總督府，1936年，頁225。
〔註25〕曾令毅，前揭〈日治時期臺灣航空發展之研究（1906～1945）〉，頁76。
〔註26〕劉鳳翰，《日軍在臺灣》，臺北：國史館，1997年，頁423。

表一：日本據臺早期（1917 至 1940）於臺灣部署航空兵力一覽表

1917 年 7 月～1919 年 5 月

臺灣守備軍
兼司令長官安東貞美大將 ——————— 臺灣耐熱飛行班（臺北）

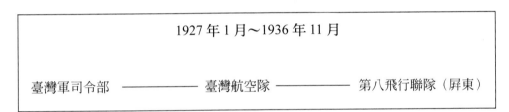

1919 年 6 月～1926 年 12 月

臺灣總督府 ——————— 警務局 ——————— 理蕃課 ——————— 航空班（屏東）

1927 年 1 月～1936 年 11 月

臺灣軍司令部 ——————— 臺灣航空隊 ——————— 第八飛行聯隊（屏東）

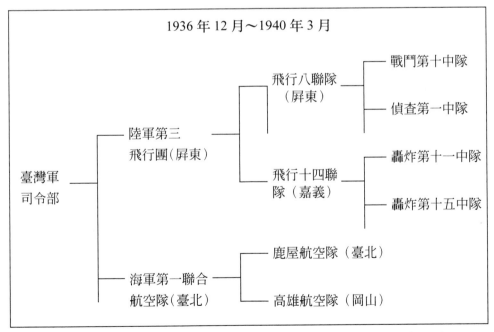

1936 年 12 月～1940 年 3 月

臺灣軍司令部
— 陸軍第三飛行團（屏東）
　　— 飛行八聯隊（屏東）
　　　　— 戰鬥第十中隊
　　　　— 偵查第一中隊
　　— 飛行十四聯隊（嘉義）
　　　　— 轟炸第十一中隊
　　　　— 轟炸第十五中隊
— 海軍第一聯合航空隊（臺北）
　　— 鹿屋航空隊（臺北）
　　— 高雄航空隊（岡山）

資料來源：鍾堅，《臺灣航空決戰》，麥田出版股份有限公司，1998 年，頁 52。

所以，屏東機場不僅是臺灣航空事業的濫觴，其在臺灣的航空發展與軍事部署之歷史地位更是遠超乎一般人想像，無怪乎國民政府遷臺後仍保留了屏東機場繼續使用，日後更將其建設爲臺灣最重要的運輸、反潛及預警機基地。

第三節　第二次世界大戰與國民政府遷臺

第二次世界大戰前夕，爲了戰事準備，日本政府逐步增強在臺灣的軍事力量，並大量興建軍事基地與工事，大戰爆發時更是不遺餘力。因此在機場方面，到了大戰末期，日本已在臺灣陸續購築下列機場〔註27〕：

（一）陸軍機場：爲陸軍第八飛行師團管轄，分爲兩個防空情報警戒隊警戒區域

第一防空情報警戒隊警戒區域：警戒中心爲臺北

計有：　1、臺北（南）　　2、臺北（松山機場）　3、樹林（林口）

　　　　4、桃園　　　　　5、八塊　　　　　　6、龍潭

　　　　7、湖口　　　　　8、宜蘭（北）　　　9、宜蘭（南）

　　　　10、臺中（東）　11、臺中（西）　　13、彰化（大肚山）

　　　　14、梧棲　　　　15、鹿港（東）　　16、鹿港（西）

　　　　17、草屯　　　　18北斗　　　　　　19、埔里

　　　　20、花蓮港（北）21、花蓮港（南）　22、大和

第二防空情報警戒隊警戒區域：警戒中心爲屏東

計有：23、北港（東）　　24、北港（東）　　25、嘉義

　　　　26、鹽水（北）　27、鹽水（南）　　28、新化

　　　　29、旗山（北）　30、旗山（南）　　31、里港

　　　　32、坪頂山　　　33、屏東（北）　　34、屏東（南）

　　　　35、鳳山　　　　36、小港（東）　　37、小港（西）

　　　　38、潮州（東）　39、潮州（西）　　40、佳冬

　　　　41、恆春　　　　42、臺東（北）　　43、臺東（南）

　　　　44、池上　　　　45、馬公（北）　　46、馬公（南）

〔註27〕劉鳳翰，《日軍在臺灣》，臺北：國史館，1997年，頁225。

（二）海軍機場：為海軍高雄警備府，後改名為海軍第一航空軍，計有：

1、清水（水上）	2、紅毛	3、新竹
4、後龍	5、臺中	6、新社
7、虎尾	8、西螺	9、麻豆
10、臺南	11、二重港	12、德仁
13、關廟	14、阿蓮（大岡山）	15、岡山
16、高雄	17、東港	18、馬公
19、臺北		

到了昭和16年（1941）開戰前夕，日本陸海軍駐臺灣的航空單位配置位置如下〔註28〕：

表二：昭和16年（1941）日本陸海軍駐臺灣的航空單位配置表

海軍航空基地	高雄	第 11 航空艦隊司令部 　　第 23 航空戰隊司令部 　　高雄航空隊 　　第 3 航空隊
	臺南	第 21 航空艦隊司令部 　　第 2 航空戰隊第 1 航空隊 　　臺南航空隊
	馬公	馬公警備府 　　大湊、吳海軍航空隊派遣隊
陸軍航空基地	臺北	飛行第 4 戰隊之一部
	臺中	鹿屋海軍航空隊 　　第 11 運輸飛行中隊
	嘉義	飛行第 4 戰隊 　　海軍第 1 航空運輸機隊
	屏東	第 5 飛行集團司令部 　　飛行第 10 戰隊本部
	潮州	飛行第 14 戰隊 　　飛行第 24 戰隊主力

〔註28〕吳餘德，〈臺灣參戰 60 周年特輯〉，《兵器戰術圖解》第二期，臺北市：中國之翼出版社，2001年，頁 55。

陸軍航空基地	佳冬	第 4 飛行集團司令部 飛行第 8 戰隊 飛行第 16 戰隊
	恆春	飛行第 50 戰隊

昭和 16 年（1941）12 月 8 日，太平洋戰爭爆發，日本除了以第一航空艦隊第一、二、五航空戰隊偷襲珍珠港外，並以海軍第 11 航空戰隊、陸軍第五飛行集團重爆機為主力，從南臺灣起飛大舉出擊轟炸菲律賓，短短數天內即摧毀百餘架美軍飛機徹底奪得制空權，而後陸軍部隊開始南下，12 月 11 日擊沉英國戰艦威爾斯王子號和巡洋戰艦卻敵號，12 月 25 日進佔香港，隔年 1 月 2 日馬尼拉失守，除了美軍困守之巴丹半島和柯里基多要塞外，日本奪取了菲律賓。1 月 27 日佔有婆羅洲，2 月 15 日攻佔巨港並奪取新加坡，3 月 7 日爪哇淪陷，日本僅以三個多月的時間，席捲了東南亞，完成了戰前規劃的目標。

自此二次世界大戰歐洲戰場和亞洲戰場合而為一。昭和 17 年（1942）1 月 1 日中、美、英、俄等 26 國在華盛頓簽署二十六國宣言，宣佈與軸心國作戰到底。而後身陷中國大陸戰場的日本雖然初期戰事頗為得手，但是在美國壓倒性優勢的國力和資源下漸漸不支。昭和 17 年（1942）6 月 4 日中途島海戰日軍折損 4 艘主力航空母艦，同年 8 月 7 日起延續了半年的所羅門群島戰役更讓日本元氣大傷，漸漸的日本敗象已露〔註 29〕。

民國 32 年（1943）11 月 23 日，中華民國軍事委員會委員長蔣中正、美國總統羅斯福及英國首相邱吉爾在埃及首都開羅召開會議，決定由中華民國「收回」臺灣〔註 30〕。至此，中華民國政府認為收回臺灣指日可待，因此開始著手各項準備工作。民國 33 年（1944）4 月 17 日正式在國防最高委會中央設計局內設立臺灣調查委員會，該委員會除了調查臺灣實際狀況、草擬《臺灣接管計畫綱要》並翻譯與臺灣有關資料外，也從事土地、行政區域、經濟

〔註 29〕 劉怡，《聯合艦隊——舊日本帝國海軍發展史》，臺北：知兵堂出版社，2009 年，頁 288。

〔註 30〕 唯有史論者指出此會議並不足以成為中華民國占有臺灣的理由，認為「開羅會議」是三國元首聚會討論對日本共同作戰之目標，「開羅宣言」只是將三國領袖欲達成的目標以公報的方式提出，只能算是一種「新聞公報」（Press Communique），並不具有任何法律效益。

等各項議題之研究，以作為接收的準備。除了政策的規劃和草擬外，臺灣調查委員會也和其他機關合作，從事基層行政人員、警察人員和銀行業務人員的培養。

民國 34 年（1945）8 月 14 日，日本裕仁天皇發表終戰詔書，宣布投降，第二次世界大戰正式宣告結束。同年 8 月 29 日中華民國軍事委員會委員長蔣中正任命陳儀為「臺灣省行政長官」，並在 9 月 1 日於重慶宣佈成立「臺灣行政長官公署」與「臺灣警備總部」。同時命陳儀兼任「臺灣警備司令」，經過準備後，10 月 5 日臺灣省行政長官公署前進指揮所於臺北成立，接收人員分別在 10 月 5 日至 10 月 24 日分別由上海或重慶飛抵臺灣。

民國 34 年（1945）10 月 25 日中國戰區臺灣區受降典禮於上午十點於臺北公會堂舉行。降方為日本國所屬臺灣總督府，代表為總督安藤利吉，陳儀則代表中國戰區最高統帥受降。同日，臺灣省行政長官公署正式運作，機關處所設於原臺北市役所，也就是現在的行政院院址。當時三方的主要代表分別是：

國民政府代表：陳儀、葛敬恩、柯遠芬、黃朝琴、游彌堅、宋斐如、李
　　　　　　　萬居。
臺灣省代表：林獻堂、陳炘、林茂生。
日本代表：安藤利吉、諫山春樹。

除了行政的接收外，軍事物資、基地的接收也是一項重要的工作。海軍方面，根據降書規定，岡村寧次下令之那派遣艦隊司令長官福田良三海軍中將將中國戰區（轄中國大陸、臺灣、澎湖及北緯 16 度以北之越南，東北、香港除外）內所有日本海軍管轄之艦艇、物資裝備及基地設施移交給中華民國海軍，中華民國方面則由海軍參謀長曾以鼎中將負責。

而空軍方面，當時中華民國空軍將全國及越南北部劃分為十八個司令部，由各司令部分別辦理各項接收事宜，而臺灣地區被劃分為兩區，以南屬於第廿二地區司令部，以林文奎中校為接收主官，以北為第廿三地區司令部，以張柏壽中校為接收主官。由下表可知，光在臺灣接收之日本軍機即佔全國總接收量一半以上。

表三：國軍戰後接收日軍飛機數量、種類表

機種 地區	戰鬥機	轟炸機	偵察機	教練機	運輸機	其他	合計
南京	86	5	8	30	11	1	141
上海	62	8	14	85	6	12	187
杭州	0	0	11	30	1	0	41
漢口	13	4	6	1	0	1	26
廣州	20	6	3	7	0	24	60
衡陽	1	0	0	0	0	0	1
新鄉	5	3	6	1	0	0	15
濟南	1	35	6	23	0	0	65
北平	57	1	4	55	20		146
越南	10	2	1	12	1	7	33
錦州	118	3	0	23	0	0	144
臺灣	461	105	92	250	30	0	938
合計	834	184	151	517	69	45	1797

資料來源：空軍年鑑（民國35年）。

　　而在開戰時日軍於臺灣修建的四十六座陸軍機場及十九座海軍機場，戰後結束在經我方接收人員勘查後，廢棄了十一處陸軍機場，分別是鹿港（東）、北港（東）、鹽水（北）、新化、旗山（南）、旗山（北）、小港（東）、屏東（南）、潮州（西）、臺東（南）和馬公（北），而海軍機場則全部留用。

　　而後，國民政府在臺灣設立二十二地區司令部，以張柏壽中校為司令。民國36年（1947）7月6日，改稱為「臺灣空軍指揮部」，以郝中和少將為指揮官，下轄通信、氣象兩中隊，供應分處、供應分隊各一，醫療所一。至於屏東機場在我國接收後移交空軍臺灣軍區司令接收，在交由空軍第七供應分處管理，民國36年（1947）時暫時由陸軍部隊進駐。民國38年（1949年）國民政府撤退來臺，又先後進駐了陸軍砲兵和空軍傘兵司令部，而後空軍飛行部隊正式進駐使用，民國40年（1951）成立基地指揮部，陸軍砲兵和空軍傘兵司令部先後遷出。並將以廢棄之南機場整建使用，自此北機場專供各式噴射機訓練，而南機場則由空運部隊使用〔註31〕。

<hr>

〔註31〕古福祥，《屏東縣志 卷四 政事志》，屏東：屏東縣文獻委員會，2000年，頁32。

由下表可知 1959 年起，屏東機場駐紮的機種便是以運輸機、反潛機、電戰機和雷達預警機為主。也因此可以看出臺灣當前的國防情勢，因為臺灣的空中威脅主要來自西方的中國，因此在西部諸如新竹、嘉義、臺中、臺南等均部署配備戰鬥機的各聯隊，而較不受到直接威脅的屏東基地，目前為第 439 混合聯隊駐地，為國軍唯一不是配備戰鬥機之聯隊。

表四：國民政府遷臺後屏東基地駐防部隊一覽表

時　間	事　　　　　　項
1949 年	第 3 大隊移防屏東，機種為 P－51 戰鬥機
1953 年 1 月 12 日	第 3 大隊在屏東擴編為第 3 聯隊
1953 年 1 月 14 日	第 4 聯隊成立於嘉義水上機場，下轄第 4 作戰大隊、第 10 空運大隊等單位
1954 年 2 月 1 日	第 6 聯隊成立於臺中市水湳機場，下轄第 20 大隊等單位，機種為 C－46 運輸機
1954 年 8 月 1 日	第 4 聯隊第 10 空運大隊改隸第 3 聯隊，自嘉義移防屏東，下轄第 101 中隊、第 102 中隊、第 103 中隊及專機中隊，機種為 C－46 運輸機
1955 年 12 月	第 3 聯隊機種換裝為 F－86F 戰鬥機
1959 年 11 月	第 3 聯隊自屏東移防臺中清泉崗基地
1959 年 11 月	第 6 聯隊自臺中市水湳機場移防屏東基地，並將第 3 聯隊第 10 空運大隊改隸第 6 聯隊
1960 年 6 月	第 6 聯隊更改番號為第 6 空運聯隊
1966 年 11 月	第 6 空運聯隊增設反潛機中隊，機種為 S－2A 反潛機
1969 年	第 6 空運聯隊第 10 空運大隊完成機種換裝為 C－119 運輸機
1976 年 4 月	第 6 空運聯隊反潛機中隊機種換裝為 S－2E 反潛機
1976 年 8 月	第 6 空運聯隊更改番號為第 439 運兵反潛混合聯隊
1979 年 2 月	第 439 運兵反潛混合聯隊反潛機中隊擴編為反潛機大隊
1984 年 2 月	第 439 運兵反潛混合聯隊第 20 大隊裁撤，而所屬二個中隊改隸第 10 大隊
1986 年 7 月	第 439 運兵反潛混合聯隊接收 C－130 運輸機
1992 年 10 月 15 日	第 439 運兵反潛混合聯隊反潛機大隊開始機種換裝為 S－2T 反潛機

時　間	事　　　　　項
1995 年 6 月 1 日	第 439 運兵反潛混合聯隊增設空中預警電戰機隊，機種為 E－2T 空中預警機、C－130HE 電戰機
	第 439 運兵反潛混合聯隊更改番號為第 439 混合聯隊
1999 年 7 月 1 日	第 439 混合聯隊反潛機大隊移編海軍
2000 年 1 月 1 日	第 439 混合聯隊空中預警電戰機隊擴編為第 20 電戰大隊，下轄第 2 預警機中隊、第 6 電子反制機中隊

資料來源：許進發製表，國立清華大學歷史研究所博士候選人，未刊稿。

第三章 兩眷村的形成

第一節 眷村的歷史緣由與屏東市眷村的起源

　　眷村的定義，就廣義而言，通常是指某一行業興建，專門提供給該行業的員工及眷屬所居住的房舍。但是近代已漸漸成為軍方所興建，專供軍人及其眷屬居住房舍所形成之聚落的專有名稱。

　　一般而言，臺灣歷史上興建專門供軍人及其眷屬居住的聚落，最早可能追溯到鄭成功時代。當初鄭成功在倡議攻臺時，便有將士以「風水不可、水土多病」為由而反對〔註1〕。即使從征來臺，也不肯搬遷家眷，將之留置金、廈。因此永曆15年（1661）12月，鄭成功便命令各水路提鎮將眷屬遷移來臺，或許仍有許多人觀望不前，因此在永曆16年（1662）正月再度重申前令，嚴格執行〔註2〕。鄭成功之所以如此，原因可能有兩個，第一是將家屬留置在臺灣做為人質以安定軍心，第二是希望藉由此增加勞動人口從事墾殖增加生產〔註3〕。而這些被遷移來臺的軍隊眷屬聚居的地方，可能就是臺灣最早由軍方規劃、興建而成的聚落。

　　至於近代中華民國專門興建供軍隊及其眷屬居住的聚落，最早應可追溯到民國21年（1932）。眾所皆知，民國成立之後，國內戰火仍頻。軍閥割據，各地樹立山頭，加上列強從後暗中扶持，讓中國仍然陷入一片戰亂之中。而

〔註1〕楊英，《從征實錄》，臺北：大通書局，1987；1662原刊，頁185。
〔註2〕同上註，頁192。
〔註3〕黃宇元，《鄭成功全傳》，臺北：臺灣史蹟研究中心，1979年，頁186。

戰爭頻繁的結果，形成了「槍桿子出政權」的狀況，軍隊成了各地軍閥安身立命的最佳憑藉，進則加官晉爵光宗耀祖，退則割據一方坐擁山頭。爲了穩住軍心，軍隊士官兵眷屬的照顧問題漸漸爲人所注意，國民政府自然也不例外。當時國民政府秉持著「攘外必先安內」的政策下，持續對共產黨用兵〔註4〕，因此先後對共產黨展開五次圍剿。民國 21 年（1932），中華民國軍事委員會委員長蔣中正先生自任「鄂、豫、皖剿匪總司令」，以政治爲本，軍事治標，動員包含十餘萬中央軍內的二十餘萬大軍對共黨紅區展開圍剿，期間派遣國軍胡宗南將軍率領第一師進入江西。爲了安頓隨軍軍眷，胡宗南將軍除了指派專人負責解決隨軍軍眷的房舍問題外，並協助輔導軍眷自食其力從事手工藝生產，同時更安排好軍人子弟的教育問題。而同時期湯恩伯將軍駐防豫西時在西康西昌及陝西安原興建眷村，在民國28 年（1939）9 月 14 日在對91 師和 193 師營長以上軍官演講「如何建立部隊基礎」時，湯恩伯將軍便曾提到：「本集團軍在西昌建築各種住宅，凡傷殘官兵及陣亡將士之孤兒、寡婦等均可送往西昌，免受飢寒之苦」〔註5〕，而民國 21 年（1932）起開始擔任兵工署長的俞大維將軍在各個兵工廠成立眷村及子地小學，在俞大維將軍的傳記便有如的記載：「俞大維將各個兵工廠造成福利社會——設立眷村及子弟小學；廠長的小孩、工人的小孩，在同樣的教室、坐在同樣的板凳上課。辦好福利設施，生產線上，同工同酬」〔註6〕，這些都是當時比較著名，由國家或軍方興建房舍供軍人或眷屬居住的例子。

民國 26 年（1937）對日抗戰爆發，國軍先後動員一千四百餘萬人員入伍〔註7〕，爲了安定軍心，在當年頒布「應征新兵及其家庭鼓勵辦法」，民國 30 年（1941）又頒布「優待出征抗戰軍人家屬條例」，兩者皆提供了照顧軍人眷屬的法令依據，例如經濟、子弟就學、眷屬就業的支援，其中也包括了住所的興建〔註8〕。

〔註 4〕 郭廷以，《近代中國史綱》，香港：中文大學出版社，1979 年，頁 620。
〔註 5〕 湯恩伯逝世十周年紀念籌備委員會，《湯恩伯先生紀念全集》，臺北：湯恩伯逝世十周年紀念籌備委員會，1964 年，頁 33。
〔註 6〕 李元平，《俞大維傳》，臺中：臺灣日報社，1993 年，頁 53。
〔註 7〕 F.F.Liu 著，梅寅生譯，《中國現代軍事史》，臺北：東大圖書公司，1979 年，頁 148～149。
〔註 8〕 徐意惇，〈永康市精忠二村聚落與眷村文化之發展〉，臺南大學臺灣文化研究所碩士論文，2010 年，頁 29。

對日抗戰結束後，緊接著又是國共內戰，在歷經遼瀋、平津、徐蚌三大會戰後，國民政府共計約折損 150 萬餘部隊，且絕大多數為國民政府之精銳，自此國民政府在與共產黨的內戰中漸漸失利而往東南沿海逐步撤退。民國 38 年（1949）六月，國民政府在蔣中正總統的指示下成立「東南軍政長官公署」，以陳誠主其事，統一指揮國民政府在東南一帶所有軍政事宜。同年十一月十六日，「東南軍政長官公署」成立「軍眷管理處」，負責隨軍眷屬的管理工作〔註9〕。

民國 38 年（1949），政府播遷來臺，許多隨軍軍眷也跟隨著來到臺灣。當時戰亂之際，加上政府財政困難，因此對軍眷的安置可說是心有餘而力不足。許多軍眷就因陋就簡，除了接收現有的房舍外，也有許多軍眷群聚在一起利用軍隊駐紮營區附近的空地搭蓋簡陋的房舍聊以遮風避雨。而這些軍眷間也漸漸成立了自治組織，處理一些軍眷間的事務，並獲多或少受軍隊指揮官的指揮或協助，今日我們口中的「眷村」開始有了雛形。民國 39 年（1950）十月，政府公布了「國軍在臺軍眷安置辦法」，民國 45 年（1956）公佈「國軍在臺軍眷業務處理辦法」。至此，政府開始下定決心興建眷村來安置官兵眷屬以集中居住、集中管理為原則，所謂「眷必歸戶、戶必歸村」，至此「眷村」也就正式出現在臺灣歷史了〔註10〕。

而另一個與「眷村」性質類似的是「職務官舍」，那是由中華婦女反共聯合會在後期所捐建的鋼筋混凝土樓房。一般而言由中華婦女反共聯合會先輔導欲改建眷村之眷戶先暫居他處後，先在該眷村空出之土地興建職務官舍，完工後優先分配給原有眷戶，有剩餘房舍再分配給其他因故無法獲得新眷舍之軍人及其眷屬。除了興建年代較晚之外，軍人在退役後便應遷出。居住者只有「居住證」，對房舍或土地都沒有所有權，退伍後必須馬上遷出，性質又與一般的「官舍」有些類似。

而本文「眷村」的定義，係根據中華民國 85 年（1996）2 月 5 日總統（85）華總字第 8500027130 號令制定公布全文 30 條的「國軍老舊眷村改建條例」，其中第三條規定：

> 本條例所稱國軍老舊眷村，係指於中華民國六十九年 12 月 31 日以前興建完成之軍眷住宅，具有下列各款情形之一者：

〔註 9〕郭冠霖，《國軍眷村發展史》，臺北：國防部史政編譯局，1998 年，頁 3。
〔註10〕同上註，頁 4。

一、政府興建分配者。

二、中華婦女反共聯合會捐款興建者。

三、政府提供土地由眷戶自費興建者。

四、其他經主管機關認定者。

而該條例所稱原眷戶，係指領有主管機關或其所屬權責機關核發之國軍眷舍居住憑證或公文書之國軍老舊眷村住戶。

而根據民國 45 年（1956）5 月 31 日婦聯會召開的「軍眷住宅籌建委員會」會議中，蔣宋美齡對婦聯會捐建的眷宅分配問題曾指示兩點：

一、軍眷住宅之分配，以無依軍眷、遺族及最貧苦者爲優先，事先應有詳細之調查。

二、凡配給之眷宅，祇限於受配軍眷居住，不得轉讓、售賣、或出租。

由上述可以得知，現代所謂的「眷村」，其實是政府以公權力自民國 50 年代到 60 年代起，針對遷臺之外省籍現役、退役之有眷軍人及其眷屬所發展出來，有計畫興建之公有住宅區〔註11〕。而且眷村強調的是眷戶對所分配到的房舍、土地等只有使用權而沒有擁有權，並沒有買賣、出租的權利，這個狀況一直到第二次眷村改建政策時才有所改變。

一般而言，戰後臺灣眷村的歷史大致可分爲四個階段〔註12〕：

（一）老眷村時期：民國 34 年（1945）至民國 45 年（1956）

基本上，本時期眷村的眷舍主要有兩個來源，第一是接收日本所興建的軍隊宿舍。當時日本軍人地位相當崇高，特別是在將官方面。因此對遠渡重洋來臺任職的軍官照顧尚稱不錯，尤其是在居住方面，例如興建於左營海軍的日軍宿舍，曾有如下的描述：

> 明德新村和建業新村緯九路——緯十二路之間同爲日遺磚造眷舍，形式方面前者爲獨棟，後者爲雙併建築。明德新村之獨棟眷舍連同庭院，每戶面寬約 30～35 公尺，深約 15～18 公尺，地坪面積皆達百坪以上。但因本村皆爲平房式建築，每戶原始建坪約 40～50 坪，其餘 2／3 土地則規劃爲柴房和庭院。

〔註11〕何思瞇，《臺北縣眷村調查研究》，臺北：臺北縣文化局，2001 年，頁 2。
〔註12〕同上註，頁 5。

> 房屋結構爲磚牆，外牆厚達 40 公分，堅若堡壘。樑柱和地板爲高級
> 檜木，質地優良，歷時半世紀至今仍未腐朽。爲了防潮、通風及杜
> 絕白蟻入侵，日遺眷舍建築物地基架高約 50 公分，底部周圍皆以磚
> 石築起，僅留有長方形的小通風口。爲防止異物進入，洞口處另架
> 設垂直於地面之柵欄〔註13〕。

如此設備即使在今日仍算得上是有一定之水準，何況是數十年前民窮財盡的
臺灣，因此類似高級的宿舍大多劃歸高級將官居住使用，或者是供數人分開
共同居住，例如屏東市德勝新村：

> ……有一天晚上，我在機場吃過晚飯後，外出散步，發現基地外面
> 約有四十多户日本人所遺留下來的房子，散佈在大樹林裡，這些房
> 子都是由牆壁圍起來，每個圍牆內都有 2 户眷舍，……，回到部隊
> 後，馬上告知其他同事，基地外有空房子的事，想不到隔天就有很
> 多同事，先後佔住這些無人管理房子，但是僧多粥少，這些房子的
> 數量還是無法滿足所有同事住的需求，爲了有較好的居住品質，有
> 些同事便十幾個人輪住在一屋中……〔註14〕

第二個來源則是由國軍利用現有工具及材料自行興建而成，由於當時都認爲
國軍遷臺只是暫時性的措施，很快就可以返回大陸，加上當時物資缺乏，因
此所興建的眷舍因陋就簡，純是權宜之計，因此眷舍相當簡單，如新竹空軍
第一村便有居民如此描述：

> 後來部隊緊急派人整建日軍遺留的房舍、營房，並買了許多竹子，
> 剖成竹片，間成一片片竹牆，抹上泥土，塗上石灰，蓋了多棟房子。
> 因爲大家以爲只是短暫留在臺灣，以後還是會回大陸，所以蓋得非
> 常簡陋，空間很小，僅堪遮風避雨，大家統稱這些房子爲克難房子。

〔註15〕

（二）新眷村時期：民國 46 年（1957）至民國 69 年（1980）

此階段的眷村，便是由中華婦女反共聯合會所捐建的眷村爲主。婦聯會
算是有相當官方色彩的婦女組織。如前段所述，在政府遷臺當時，認爲很快

〔註13〕黃文珊，《高雄左營眷村聚落的發展與變遷》，國立高雄師範大學地理學系碩
　　　　士論文，2007 年，頁 127～128。
〔註14〕郭冠霖，《國軍眷村發展史》，頁 309。
〔註15〕陳溪松，《眷戀——空軍眷村》，臺北：國防部部辦室，2007 年，頁 100。

就將返回中國大陸，因此對軍隊眷屬的一些措施多採權宜之計，居住問題也是如此。所以十餘年過去後，當時急就章興建的房舍便已相當老舊，加上有些眷戶因人口增加，眷舍不敷使用，因此民國 45 年（1956）5 月，當時擔任「中華婦女反共抗俄聯合會」主任委員的蔣宋美齡在成立 6 週年的紀念會上提出「為軍眷籌建住宅」的構想，募款捐建軍眷住宅後捐贈給國防部以分配軍眷居住。至民國 84 年（1995），婦聯會共捐建了 18 期的眷舍，其中一至十期為軍眷住宅，共 38,120 戶；十一至十八期為職務官舍，共 13,718 戶，捐建總戶數為 51,838 戶。而本文中「凌雲三村」和「大鵬七村」便分別是婦聯會此階段所捐建第 6 期和第 8 期的眷舍。

（三）舊制眷村改建時期：民國 69 年（1980）至民國 86 年（1997）

　　無論是第一階段或第二階段的眷村，在地點的選訂常常是軍隊駐紮地附近或是都市外為，除了考慮到軍隊管理方便及眷屬照顧聯繫方便外，另一個考慮原因便是不會佔用到一般都市用地以免影響到都市發展。但是隨著都市發展的腳步，當時可能處於偏遠地區的眷村所在後來常常成為都市周邊地區甚至是都市的中心地段。如此不僅影響都市發展，也相當不符合經濟。加上眷戶人口可能因為軍人結婚等因素持續增加，眷舍面積不敷使用，眷戶因而自行加蓋造成高建蔽率、低容積率的問題，不僅居住品質低落，也容易產生公共安全問題，因此自民國 60 年（1971）起國防部便開始了眷村改建的規劃，此階段後來成為政府第一階段的眷村改建計畫。

（四）新制眷村改建時期：民國 86 年（1997）至今

　　舊制眷村改建時期，就執行面而言僅屬於行政命令而未達法律層級，影響到改建效率。而且各區域各行其事，未有一個統籌辦理的機關。因此民國 83 年（1994）國防部草擬「國軍老舊眷村改建條例」，並在民國 85 年（1996）5 月通過 5167 億的「國軍老舊眷村改建特別預算」，有了經費及法律依據，此階段的眷村改建規模更大，即目前政府正在實施的第二階段的眷村改建計畫。

　　而在屏東市方面，屏東市軍方人員宿舍的起源，最早要追溯到日據時代。當時屏東機場、屏東糖廠和高屏鐵路堪稱是日據時代日本在屏東市的重大建設。而飛行第八聯隊之編成並進駐屏東機場，則是象徵日本南進政策之軍事行動進入屏東。當時為了加速南進行動的準備工作，日本將屏東飛行場擴建

為當時全臺最大的機場，並於昭和 11 年（1936）8 月 1 日將原來的陸軍飛行第八聯隊擴編為陸軍第三飛行團，昭和 12 年（1937）5 月 1 日又在屏東飛行場設立了全臺灣最大，且當時為全日本第四座的屏東陸軍航空支廠。基於軍事物資、設備之運輸需求，日本政府修築了從屏東火車站通往屏東機場的飛行隊專用飛行縱貫道路，日後陸續完成的公路運輸系統及機場鐵道之鋪設，使得屏東市區交通網絡更加完整。

　　同時，因為軍事組織規模擴大，大量日人遷入住屏東市居住，當年日本軍人離鄉背井，總有居住的需求。為了解決這個問題，日本在今天屏東市中山路與勝利路、青島街與康定街的交叉區塊，興建新的官舍群供其居住，稱之「崇蘭陸軍官舍」，官舍區位在當時是最靠近飛行場之屏東市市區計畫區域，每棟房舍面積約 100 至 200 坪。昭和 3 年（1928）時首批官舍建築完成，其中包括飛行聯隊之聯隊長、奏任官及將校級軍官宿舍。這批官舍結構是磚木造房舍，以磚頭作為地基，屋內的木製結構為以檜木所打造，同時考慮到臺灣南部高溫多雨的熱帶氣候，因此屋頂以日本黑瓦覆蓋，並且以雨淋板蓋住屋身。而房屋周圍的柱子、圍牆大量使用洗石子技術，庭院面積非常寬廣，草木扶疏，稱得上是非常良好的居住環境。除了房舍之外，為了配合最新的都市計劃，亦興建了官舍的相關設施、道路與下水道。如此加速市街西北方位之住宅區開發，間接帶動屏東市的都市發展，形成今日屏東市街眷村宿舍之主要區位。

　　值得注意的是當時「崇蘭陸軍官舍」的性質，應該比較類似於現在之「職務官舍」，就是軍人在調職或退役時，就必須遷出房舍，對房舍或是土地均沒有所有權。與現在之「眷村」，性質上仍有相當之差別。日後屏東市的「勝利新村」、「德勝新村」等便是接收「崇蘭陸軍官舍」後由軍方人員與眷屬居住使用而成立，兩者雖然使用共同的房舍，但是性質終究有所不同。

　　所以屏東市的眷村，有的是屬於接收日本房舍，屬於老眷村時期的眷村，也有由婦聯會捐建，屬於新眷村時期的眷村。另外還有於民國 72 年（1983）由屏東縣政府興建、但是由空總部列管的「復興新城」，則是屬於舊眷村改建時期。

表五：國軍眷村沿革表

民國 21 年	第一師師長胡宗南在江西指派專人負責隨軍軍眷房舍，如安排軍眷集中居住、代租民房、代付房租等工作。 湯恩伯將軍駐防豫西時在西康西昌及陝西安原興建眷村
民國 22 年至民國 34 年	俞大維將軍於軍政部兵工署長任內於各兵工廠設立眷村及子弟小學
民國 26 年	頒布「應征新兵及其家庭鼓勵辦法」，有些部隊開始以「軍」或「師」爲單位在大後方安置臨時性軍眷住所，或設立眷村以安置眷屬。
民國 37 年 11 月	國軍開始在臺灣開工建造「四四南村」，爲國軍在臺灣最早的眷村而後追加「四四東村」、「四四西村」，並於民國四十四年完工。
民國 38 年 10 月	公佈「國軍在臺軍眷安置辦法」，決定興建眷村。
民國 39 年 1 月	政府在東南長官公署之下設立「軍眷管理處」，軍眷業務開始有正式的管理機制。
民國 39 年 4 月	原有「軍眷管理處」改隸聯勤總部聯勤留守業務署。
民國 39 年 10 月	聯勤總部釐訂「國軍在臺軍眷安置辦法」，開始進行「軍眷實地調查」及「眷舍建造分配」兩項工作。
民國 45 年 1 月 11 日	公佈「國軍在臺軍眷業務處理辦法」。
民國 45 年 5 月	中華婦女反共抗俄聯合會（53 年改名中華婦女反共聯合會，即婦聯會）開始「民間捐建」、「軍眷住宅籌建運動」，開始由民間捐款興建軍眷住宅並捐贈國防部以分配安置軍眷居住。
民國 49 年 8 月	聯勤總部所屬眷管處、撫恤處、軍人保險管理處及國防部動員局之留守業務組執行小組合併爲留守業務署。
民國 53 年	軍眷業務由總政戰部第五處接辦，同時各總部成立眷管處，負責眷舍分配。眷舍興建、修繕、軍眷醫療、眷村環境衛生由後次室主管。軍眷權益維護、給與標準，由人力司主管。
民國 59 年 2 月	國防部成立「軍眷業務管理處」，隸屬於總政戰部，統整所有軍眷業務，如眷村遷建、眷村管理、軍眷服務及慰助等。

第二節　屏東機場內的眷村

民國 38 年（1949）12 月 8 日，由於在中國大陸與共產黨之內戰持續惡化，中華民國政府行政院召開緊急會議，決議正式遷都臺北，並在西昌設置大本營統率仍在大陸的陸海空三軍繼續作戰﹝註16﹞。自民國 37 年（1948）至民國 44 年（1955），國民政府陸陸續續計有十餘波大規模的軍隊或百姓由中國大陸、韓國、越南、緬甸及泰國等鄰國遷移來臺的行動﹝註17﹞：

1、山東流亡學生：民國 37 年（1948）7 月至民國 38 年（1949）6 月。

2、東北撤退：民國 37 年（1948）10 月。

3、平津撤退：民國 37 年（1948）11 月。

4、徐蚌會戰殘餘部隊：民國 37 年（1948）12 月至民國 38 年（1949）1 月。

5、青年軍：民國 38 年（1949）5 月。

6、上海撤退：民國 38 年（1949）2 月至民國 38 年（1949）5 月。

7、山東青島撤退：民國 38 年（1949）6 月。

8、廣州撤退：民國 38 年（1949）9 月至民國 38 年（1949）10 月。

9、廈門、金門、古寧頭撤退：民國 38 年（1949）6 月。

10、甘肅馬家軍經帕米爾高原來臺：民國 38 年（1949）10 月至民國 39 年（1950）2 月。

11、中央部會幹部成都和西昌撤退：民國 38 年（1949）12 月至民國 39 年（1950）4 月。

12、舟山撤軍：民國 39 年（1950）5 月。

13、海南島撤軍：民國 39 年（1950）5 月。

14、富國島撤退：民國 42 年（1953）6 月。

15、滇緬第一次撤退：民國 42 年（1953）10 月（民國 50 年第二次）。

16、韓戰反共義士來臺：民國 43 年（1954）1 月。

17、大陳列島與南麂列島撤退：民國 44 年（1955）2 月。

﹝註16﹞林桶法，《1949 大撤退》，臺北：聯經出版事業股份有限公司，2010 年，頁 193。

﹝註17﹞李俊賢，〈空城計‧憶：從眷村影像浮碼看一個世代的結束〉，世新大學圖文傳播暨數位出版學系碩士論文，2005 年，頁 29。原論文記載共有 19 次，第 5 次為：蔣介石赴臺：至民國 38 年 5 月，僅單獨一人似難以稱為 1「波」。第 18 次為：舟山群島一江山撤退（民國 44 年 1 月），然舟山群島已於民國 39 年 5 月撤退，而一江山屬於大陳列島，且已於民國 44 年 1 月 20 日被共軍攻陷，因此本文未予列入。

　　由於臺灣和中國大陸有一水之隔，因此要到臺灣需要以輪船或飛機做爲交通工具，而當時這些交通工具絕大部分是掌握在國民政府手中，因此能夠撤退來臺的人或多或少跟國民政府有些關係，而且可能絕大部分爲軍隊及其眷屬，而軍隊撤退來臺後自然以各個軍事基地爲遷移地。當時由於戰火連年、民窮財盡，因此一切捉襟見肘。軍民倉卒來臺，對未來更是充滿了不確定性，軍人們隨地安置在駐地的營房內，而眷屬們更是克難，日遺房舍、學校、防空洞、寺廟、農舍甚至工廠，只要有屋頂和能遮風避雨的角落，都有可能成爲眷屬們的棲身之處。

　　當時的屏東市，因爲有屏東機場，因此進駐的部隊以空軍部隊爲主，日後亦有陸軍部隊陸續進駐，而各部隊軍眷家屬有部分在屏東市落腳。爲了勤務方便，政府爲空軍官兵在南、北機場內建宿舍供其及眷屬居住，當時的南機場就分成三個行政里——健康里、仁愛里及光明里，北機場爲北機里。當時的光明里、健康里和仁愛里，位置約在現今屏東機場勝利路大門右側。

圖六：北機里拆除前的房舍照片

資料來源：http://diary.blog.yam.com/teng111800，查詢日期：2011.4.12。

　　當時所蓋的房舍面積不大，而且相當簡陋。大部分的房子牆腳以紅磚爲築起約一公尺高的牆壁，紅磚上的牆壁則是由甘蔗板隔間而成。屋樑以木頭搭蓋，屋頂則鋪上茅草，據居住過的居民回憶，有時相鄰的兩戶人家小孩爲了互通訊息，還會以手指將隔開兩戶的甘蔗板鑽出一個小洞。曾經有人以「竹椽土瓦蓋頂，竹筋糊泥爲壁」來形容早期眷村因陋就簡的房舍，而屏東機場當時的眷村的房舍是以茅草爲屋頂，簡陋的程度只怕是有過之而無不及，甚

至有「外面下大雨，裡面下小雨」的情形〔註18〕。因此雖然平日機場眷村居民劃有活動區域不得在機場內隨意走動，但是每逢有颱風來襲或狂風豪雨，軍方總會因為安全因素開放機場內大型的建築物，如中山堂等讓眷村裡的居民能過前往避難〔註19〕。

雖然簡陋，但是機場內的眷村仍是如同一般的眷村有相當的規劃，先畫出村內的主要巷道，然後再沿著巷道兩側興建房舍，並依軍階的不同分別配與不同大小的房舍，屬於同一部隊的官兵大多規劃居住在同一區域。眷村由機場的聯隊長管轄，眷舍所在和機場內部的作業區域以警衛隔開，居民不能隨意在機場內走動。每個里均有經軍方協調產生的自治會會長，負責政令宣導、急難救助、慰問等工作。眷村內的居民絕大部分為軍職，僅有少數由軍方或民營類似「柑仔店」的商家販售一些民生用品。

當時民生困乏，在溫飽有時尚求之不可得，自然也不像現在有各式各樣多采多姿的娛樂。惟軍方仍盡可能提供，每逢過年或重大節日便舉辦一些節目慶祝，平日如果有婦聯會或義工隊前來機場勞軍，也都會開放機場內的眷屬前往觀賞。除此之外，每天下班時間，營區內的中山堂都會播放電影，一次兩部。每個部隊都會分發一定的電影票憑卷入內觀賞，沒有電影票的可以以相當低廉的價格購票入內觀賞。而由於地利之便，眷村內的小孩也常常至高屏溪畔農人所承租的農田摘取些農作物或水果，甚至在機場滑行道中的池塘撈魚〔註20〕。

在教育方面，軍方可謂相當用心。當時屏東市內所有的空軍眷村子弟小學階段均被安排就讀空軍子弟小學，即今日的鶴聲國小，等升上初中後方回歸一般的初中。當時空軍子弟小學隸屬於軍方，師資亦由軍方獨自招募，與一般歸教育部管轄之小學分屬不同之系統。空軍子弟就讀完全免費，且依眷村安排於各自的班級，路途遙遠的眷村，上下學均由軍方依各年級上下課時間不同安排軍用卡車每天接送〔註21〕。

〔註18〕2010.8.28 王藍里長訪談記錄。
〔註19〕2010.7.28 凌雲國小退休老師吳老師訪談紀錄。
〔註20〕謝建東，《我們這一班——屏東空軍子弟小學第十屆仁班同學畢業五十週年紀念專輯》，臺北：時兆雜誌社，2006年，頁32。
〔註21〕空軍子弟學校，民國23年（1934）創立於杭州筧橋，七七事變後西遷，在各地最多曾有29所之多。民國37年（1948）設立於徐州之空軍子地學校隨政府播遷來臺復校於屏東市，民國43年遷入現址，民國56年（1967）為紀念失事殉職之空軍飛行員改名為鶴聲國民學校，民國57年（1968）8月再易名為鶴聲國民小學。

據凌雲三村村長潘武昌曾如此回憶〔註22〕：

> 在屏東我們首先是住在空軍第一後勤指揮部的 AB 區（單身宿舍），
> 記得上小學時，都是乘用軍用卡車到空軍子弟小學（現在的鶴聲國
> 小），卡車每天早上 6 點半從北機里開車，經本村在至小營門，再至
> 學校。

> 每天學校空地停了約 20 部軍用大卡車，景象頗為壯觀。

眷村內的居民，軍人擁有榮民證，眷屬則有眷補證，分大、中、小三種，大
口為成年人之眷屬，中口為 12 歲以下之眷屬，小口為 6 歲以下之眷屬。由於
當時軍人待遇非常微薄，因此軍方另有米、麵粉、油及鹽的配給，後來每戶
每個月另有 40 元的補助。此外醫療方面，當時的空軍醫院設於今日屏東市中
正路上，現已遷至屏東市公館，如有需要，眷村的居民可以憑著榮民證或眷
補證免費就醫。

　　如此一直到民國 54 年（1965）間，南機場基地要擴大建設，依照「鼎新
計劃第九期」辦理遷村作業，將這三個里遷移重新整編。那個時候，長安里
的發源地──六塊厝，因長安里遷移而閒置下來，因此婦聯會選定該處此建
造房舍，做為空軍眷屬的住所，成了日後的大鵬七村及凌雲三村，行政區域
分屬「鵬程里」、「凌雲里」。

　　這些眷舍雖然簡陋，卻也提供了軍人及眷屬們遮風避雨的地方長達了十
四年之久，即使在拆遷數十年之後，仍有當時北機里的居民成立部落格，作
為當時居民聯絡的平臺。

〔註22〕陳溪松，《眷戀──空軍眷村》，臺北：國防部部辦室，2007 年，頁 299。

圖七：原北機里居民所架設之部落格

資料來源：http://diary.bog.com/teng11800，查詢日期：2011.3.21。

第三節　婦聯會及其捐建之官眷舍

　　就國軍眷村的歷史而言，「中華婦女反共抗俄聯合會」相信是一個相當重要的課題。因為「中華婦女反共抗俄聯合會」從民國 45 年（1956）到民國 84 年（1995）這段期間，總共捐建了 18 期眷舍和職務官舍供軍方及其眷屬居住，進而形成相較於臺灣一般社會顯得相當特殊的「眷村」，而本文的兩個主角「大鵬七村」及「凌雲三村」即是由「中華婦女反共抗俄聯合會」所捐建的。

　　「中華婦女反共抗俄聯合會」後來改名為「中華婦女反共聯合會」，簡稱「婦聯會」，由於屏東市有相當數量的眷村係由婦聯會所捐建，因此本節謹就「婦聯會」成立經過、時代背景做一研究，並探討其捐建「眷村」的時代背景。

　　談到「婦聯會」，便不能不提及婦聯會的創立者或者說是精神象徵──蔣夫人。蔣夫人，也就是蔣宋美齡，為蔣中正總統的夫人。在大陸時期，蔣中

正先生堪稱是握有相當政治實力的掌權者，因此蔣夫人便曾經成立過數個團體，例如民國 26 年（1937）8 月 1 日成立的「中國婦女慰勞將士會」、抗戰前「新生活運動婦女指導委員會」，27 年（1938）5 月 20 日、「婦女戰時救濟協會」、「戰時兒童保育會」〔註23〕等。

　　國共內戰末期，國民黨在內戰中節節敗退，在遷都廣州、重慶、成都後，終於在民國 38 年（1949）12 月宣布將中央政府遷往臺北。歷經一連串的慘敗的國民政府在遷臺之初，一方面外援斷絕，美國國務院發表對華關係白皮書聲明放棄支援國民政府，一方面共產黨兵鋒甚銳，除了繼續席捲中國大陸西南掃盪國民政府殘存勢力外更陳兵東南沿海。而此時臺灣因之前二二八事變，臺灣居民對國民政府態度爲何仍不得而知。面對此內外交逼、風雨飄搖的不利情勢，鞏固薄弱的基礎、加強控制臺灣內部成了國民政府當務之急，而居總人口一半的婦女自然也是國民政府需要掌控的對象之一，希望藉此強化對臺灣社會之支配性位置。

　　民國 38 年（1949）3 月 8 日，至美國求援未果而返臺的蔣宋美齡在婦女節大會提到了成立婦女團體的計畫：

> 我們更應爲前線的傷患官兵服務。他們是爲了收復大陸，爲了後世子孫的幸福，爲了建造眞正民主的中國而犧牲自己，我們應該爲他們貢獻出自己的一切力量。我最近準備組織一個「中華婦女反共抗俄大會」成立後，希望每一個婦女都團結起來，發揮自己的力量。〔註24〕

民國 39 年（1950）4 月 17 日，蔣宋美齡在臺北創立「中華婦女反共抗俄聯合會」，簡稱「婦聯會」，蔣中正總統並親自到場致訓辭，以擁護政府貫徹三民主義，和平統一中國爲宗旨。該會基本任務有五〔註25〕：

1、團結婦女力量、實行三民主義。

2、匡助政府，推動公益及教育事項。

3、推展婦女權益，維護殘障幼弱。

4、慰勞國軍及憲警人員。

5、加強國際聯繫，促進國民外交。

〔註23〕林佳樺，〈「戰時兒童保育會」之研究（1938～1946）〉，國立中央大學歷史研究所碩士論文，2005 年，頁 26。

〔註24〕中國國民黨中央委員會婦女工作會，《指導長　蔣夫人對婦女訓詞輯要》，臺北：中國國民黨中央委員會婦女工作會，1956 年，頁 30。

〔註25〕焦維城編，《婦聯四十五年》，臺北：中華民國婦女聯合會，1995 年，頁 17。

該會開幕持續三天，內容有報告、講演及討論三大項〔註26〕。一、報告部分，將會員分為組訓、宣傳、慰勞三組，並各自提出其工作報告。二、宣傳部分，主要有專題講演及匪情講演。三、討論部份，集中在對軍隊宣傳、慰勞等工作之討論。由此可知，「中華婦女反共抗俄聯合會」並不是單純的婦女團體，而是與國民政府、政治甚至軍隊有相當密切關係的組織，而且為了籌措經費，會中有相當部分的分會主任委員由地方行政首長夫人擔任而被稱為「官夫人俱樂部」。

除了婦聯會本身組織之外，婦聯會另有若干相關事工機構及附設組織〔註27〕：

1、宋美齡兒童血癌研究中心

民國 87 年（1998）成立於和信醫院。

2、財團法人中華民國婦聯社會福利基金會

民國 86 年（1997）成立，旨在推展、舉辦與捐助社會福利等公益事業。

3、財團法人中華民國婦聯聽障福利基金會

民國 85 年（1996）由原先「縫衣工廠」原址成立，專門從事國內聽障兒童之教育工作，並提供所需協助。

4、中華民國婦女聯合會負社惠幼托兒所

民國 41 年（1952）8 月成立於婦聯總會，早年招收軍人及烈士遺族子女，今以招收軍人子女及公教人員子女為主。

5、振興復健醫學中心

民國 53 年（1964）成立，早期原為安置國內小兒麻痺患者而設，並提供外科矯治、職能治療、復健護理及義肢裝配等，而後因應小兒麻痺患者漸漸減少便改為綜合醫院。

6、私立華興高級中學、小學、育幼院

民國 44 年（1955）為安置撤退來臺的大陳義胞子女及一江山烈士遺族而創辦華興育幼院於臺北，而後陸續增設華興小學、華興中學及華興高中，民國 70 年（1981）更特准泰北難胞子女前來就讀。

〔註26〕洪國智，〈中華婦女反共抗俄聯合會在臺慰勞工作之研究（1950～1958）〉，國立中央大學歷史研究所碩士論文，2003 年，頁 44。

〔註27〕嚴倬雲、汲宇荷、楊夢茹策劃彙編，《婦聯五十年》，臺北：中華民國婦女聯合會，2000 年，頁 56。

一般而言，婦聯會的工作分爲組訓、宣傳及慰勞三大項〔註 28〕。這三項工作充分了反映出當時的時代背景。當時國共正處於「漢賊不兩立、王業不偏安」的熱戰時期，因此這三項工作有其相當的需求——所謂組訓，就是組織動員婦女從事有戰備意味的工作。宣傳，就是由婦女以各式宣傳的方式，如演講、展覽，或是出版各種書刊及文宣產品來宣導反共的理念。而慰勞，堪稱是婦聯會較主要的工作。在婦聯刊物便曾清楚的提到：「愛國必先敬軍，敬軍的表現，最重要的是慰勞和服務，這正式溝通軍民情感，加強團結合諧的最佳橋樑〔註 29〕。」

婦聯會從事各項工作的資金來源，就形式上而言，規劃了三個經費來源：會員會費、捐款及政府補助。會員會費是由各委員自由捐助，捐款則是「婦聯會」透過各種捐募運動募捐得來的款項，而政府補助方面，有相當的部份據信是來自「勞軍捐」。「勞軍捐」，是一項相當特殊的附加稅，堪稱是當年臺灣戒嚴時代一個相當特殊的產物。由民國 44 年（1955）開始徵收，徵收方式是凡是每從國外進口一美金的貨物，必須繳納新臺幣五角的「勞軍捐」，這個費率在民國 70 年（1981）時降爲三角，民國 76 年（1987）六月在下降爲二角，於民國 79 年（1990）年七月一日停止徵收，這期間所收得的款項皆交由婦聯會所使用。

早在「婦聯會」成立之初，便設立了以軍人爲其主要工作服務對象的工作規劃，當然人各有志，無法強求。但是其經費主要來源之一的「勞軍捐」，嚴格說來是來自全臺灣的民眾。以收自全臺灣民眾的款項服務於相對少數的軍人及其眷屬，雖說當時有其特殊的時空背景，就公平正義而言似乎還有相當的討論空間，無怪乎民主進步黨曾對「婦聯會」所收的勞軍捐款向提出質疑，並要求追究其剩餘款項的去向〔註 30〕。

除了「縫製征衣」、「殘而不廢運動」——爲傷殘軍人裝設義肢及「勞軍活動」外，婦聯會的另一項與軍方有關且廣爲人知的工作，便是協助軍方興建眷村。在民國 45 年（1956）4 月 17 日蔣介石總統便在婦聯會成立六週年紀念大會訓示中提到：

〔註 28〕蔣宋美齡等著，《婦聯三十五年》，臺北：中華婦女反共聯合會，1986 年，頁 81。
〔註 29〕同上註，頁 101。
〔註 30〕自由時報新聞網：www.libertytimes.com.tw/2003/new/oct/31/today-s1.htm。

……我們軍隊在前方作戰，而在臺灣生活最苦的卻是軍隊眷屬和軍
人的孩子。甚至他們現在住的地方，還沒有完全解決，希望婦聯會
以後每一個年、每一個節，對於散居在各城市鄉鎮軍隊眷屬，要特
別照顧；尤其他們有病痛、有困難的地方，你們要先安慰他們，幫
助他們，使軍隊的眷屬能夠在生活上安定，使他們丈夫在前方捍衛
國家，無後顧之憂，這是我向婦聯會貢獻的意見。這一次婦聯會開
會，希望能訂一個辦法，對於各縣市鄉鎮軍隊眷屬，怎樣來照顧他
們……〔註31〕

民國 45 年（1956）五月十九日，婦聯會在臺北市中山堂中正廳舉行成立六週
年的紀念會暨工作檢討會。當天下午，婦聯會在該會孺慕堂舉行茶會，會中
由蔣夫人親自宣布，婦聯會將為國軍興建眷舍，這是爾後婦聯會為國軍捐建
眷舍的開端：

一、宣佈時間地點：民國 45 年（1956）5 月 19 日於婦聯會孺慕堂。

二、戶數：4000 戶。

三、經費需求：每戶興建經費預估為 1,0000 元，4000 戶計需 4000,0000
　　　　　　　元。

四、經費來源：婦聯會將經費來源分派如下：

　　　　　　　公營事業機構捐獻：1258,0000 元

　　　　　　　民營工商及社團捐獻：1200,0000 元

　　　　　　　影劇院隨票附捐：1500,0000 元

　　　　　　　　於民國 45 年（1956 年）7 月依日起至民國 46 年（1957
　　　　　　　　年）6 月底止，在臺北、基隆、臺中、臺南、高雄、
　　　　　　　　彰化、嘉義、新竹及屏東九縣市實行。

　　　　　　　另有美援棉紗附捐 500,0000 元

　　　　　　　婦聯會成員募捐：200,0000 元〔註32〕

五、分配對象：

以 830 至 1000 戶分配給無依軍眷及遺眷中貧困者，其餘按現有缺戶比例
分配給各總部，由各總部按貧苦、外島、部隊、機關學校等順序分配之。

〔註31〕嚴倬雲、汲宇荷、楊夢茹策劃彙編，前引《婦聯五十年》，頁 24。
〔註32〕光玉，〈婦聯半年（上）〉，《中華婦女》第六卷第 11 期，2011 年 2 月，頁 10。

六、型式：

　　眷舍建材因地制宜取其物美價廉，可分爲木造、磚造、石造及空心磚造，而每種建材依面積大小又可分爲 A、B 型。

形式	面積	隔　間	申請對象
A 型	7.08 坪	起居室、臥室、廚房、廁所	眷口三口以上
B 型	5.25 坪	臥室、廚房、廁所	眷口三口或以下

七、公共設施：

　　1、福利設施：板橋眷區設軍眷工廠一座，其餘眷區由農復會予以技術協助，並由省農民廳供應樹苗以爲綠化之用。

　　2、交通設施：無公路接通知眷區由省交通處開闢道路並增設公共汽車站。

　　3、教育設施：由省教育廳計畫在眷區內設立國民分校或分班，並視情況由眷區自行設立幼稚園及托兒所。

　　4、衛生設施：視經費情況酌設診療所，並邀請國際康健組織、國際紅十字會及聯合國衛生組織等會予協助。

八、興建位置及戶數：

　　最後興建與當初規劃稍有出入，惟總戶數不變：

表六：婦聯會捐建之第一期眷舍

眷村名稱	位置	捐建者	配住軍眷	土地來源
婦聯一村	臺北板橋	中外人士	陸軍 200 戶 遺族 300 戶 國防部直屬 單位 100 戶	收購民地 9 甲
婦聯二村	北投	婦聯會及所屬分支會	政工幹校 100 戶	政工幹校校地 1.5 甲
僑愛新村	桃園大溪	菲律賓僑胞	陸軍 250 戶 空軍 100 戶 遺族及聯勤 250 戶	公產 9 甲
公學新村	新竹赤土崎	機關學校	陸軍 400 戶	私產 6.4129 甲

眷村名稱	位置	捐建者	配住軍眷	土地來源
銀聯一村	臺中清水	公私銀行	陸軍 100 戶 遺族及聯勤 100 戶	公產 3 甲
銀聯二村	臺中大里	公私銀行	陸軍 100 戶 空軍 100 戶	營產 3 甲
影劇一村	彰化芬園	影劇票附捐	陸軍 200 戶	捐贈私產 3 甲
影劇二村	彰化芳苑	影劇票附捐	陸軍 200 戶	營產 3.033 甲
影劇三村	嘉義大林	影劇票附捐	陸軍 200 戶 遺族及聯勤 300 戶	營產 9 甲
社團新村	臺南永康	社會團體	陸軍 200 戶	營產 3.0334 甲
工協新村	高雄鳳山	工業界	陸軍 100 戶 海軍 300 戶	營產 3.279 甲
商協新村	高雄大寮	商業界	陸軍 150 戶 聯勤 50 戶	營產 3.279 甲
礦協新村	屏東北勢里	礦業界	空軍 200 戶	公產 2.2903 甲 民地 0.7875 甲

資料來源：中華婦女第 7 卷第 9、10 期合刊，頁 27～41。

　　而後，婦聯會又陸陸續續捐建了九期眷村，謹列表如下：

表七：婦聯會所捐建之各期眷村數量

期　別	戶　數	開工日期	完工日期
第一期	4000	民國 45 年（1956）8 月	民國 46 年（1957）2 月
第二期	1000	民國 47 年（1958）1 月	民國 47 年（1958）5 月
第三期	3000	民國 47 年（1958）12 月	民國 48 年（1959）4 月
第四期	2000	民國 49 年（1960）2 月	民國 49 年（1960）9 月
第五期	4000	民國 50 年（1961）3 月	民國 50 年（1968）10 月
第六期	3000	民國 51 年（1962）6 月	民國 51 年（1962）12 月
第七期	3000	民國 51 年（1962）6 月	民國 51 年（1962）12 月
第八期	3000	民國 53 年（1964）7 月	民國 54 年（1965）6 月

期　別	戶　數	開工日期	完工日期
第九期	11620	民國 53 年（1964）11 月	民國 54 年（1965）12 月
第十期	3500	民國 55 年（1956）6 月	民國 56 年（1967）12 月
合計	38120		

資料來源：婦聯會網站：http://www.nwl.org.tw/his5_1.htm，查詢時間：2011.5.6。

　　一般而言，這時期眷村多爲木造平房，雖然較簡陋，但相較於之前軍方所自行搭建的眷舍，已經屬於相當舒適了，本文的主角大鵬七村和凌雲三村，即是分別屬於婦聯會所捐建的第九期和第六期的眷舍。

　　自民國 64 年（1975）起，婦聯會開始捐建職務官舍，期數分別是十一期至十八期，謹列表如下：

表八：婦聯會所捐建之各期職務官舍

期　別	戶　數	贈交日期
第十一期	1800	64 年（1975）
第十二期	1264	66 年（1977）8 月
第十三期	260	68 年（1979）6 月
第十四期	1650	69 年（1990）7 月
第十五期	2650	72 年（1983）4 月
第十六期	1564	76 年（1987）3 月
第十七期	2800	78 年（1989）10 月
第十八期	2030	84 年（1995）6 月
合計	13718	

資料來源：婦聯會網站：http://www.nwl.org.tw/his5_1.htm，查詢時間：2011.5.6。

　　此時，職務官舍大多爲四層樓或五層樓的鋼筋水泥式公寓建築。兩者雖然都是提供給軍人及其眷屬居住，但是又不完全相同。眷村裡的眷舍最初是由國防部配發給當事人及其家屬居住，受配人死亡後，子女或配偶得繼承，管理單位爲總政治作戰局。而職務官舍則是撥配給現職的軍人居住，退伍後必須遷出，住居者只領有居住證，對房屋或土地只有使用權而沒有所有權，管理單位爲軍備局。

　　基本上，婦聯會在當時興建了數萬戶的眷舍及職務官舍，其實在其經費來源、運作、背後濃厚的政治背景，甚至在社會公平正義方面，雖然有當時的時空背景因素，但還是有許多值得討論的空間。不過純就當時興建眷舍、官舍這件事而言，的確是解決了不少軍方人員居住的需求，因此在國軍眷村史上，婦聯會興建眷村始終是個研究重點。

第四章 兩個眷村的內部組織、住屋形式與居民生活方式

第一節 兩個眷村的興建與居民生活

一、兩個眷村的興建

　　民國 54 年（1965）間，爲了因應現代科技進步及飛機逐漸的大型化，屏東機場南機場基地擴大建設，因此實施「鼎新計劃第九期」開始辦理遷村作業，將機場內健康里、仁愛里及光明里三個里遷移重新整編。而機場內一部分眷村遷移的位址選定了機場外，也就是屏東市了六塊厝地區。整體而言，六塊厝地區主要有兩個眷村，均爲「中華婦女反共聯合會」所捐建，即「大鵬七村」和「凌雲三村」。「大鵬七村」，位在六塊厝地區的西側，西邊隔著高屏溪與高雄縣相望，北邊緊鄰著屏東空軍基地，南邊爲臺糖用地，東邊則是同屬於空軍的「凌雲新村」，整座眷村略呈長方形，面積約爲 20 公頃。第一期在民國 50 年（1961）動工興建，民國 52 年（1963）完工，共計 400 戶，主要是提供原先居住在機場內的眷戶及來自光明里、健康里的眷戶。第二期是在民國 54 年（1965）完工，共計 100 戶，主要是提供屏東機場內的地勤人員及其他大陸來臺的空軍眷屬申請。第三期民國 56 年（1967）完工，共計 100戶，主要提供其他單位，如 430 聯隊、第一後勤指揮部、空軍醫院、通航中隊及防砲營的官兵眷屬申請。而且此時除了原先自大陸來臺的軍人及眷戶外，也開始有所謂的「外省人第二代」。此處眷村命名爲「大鵬七村」，並由

蔣宋美齡親自題字後刻於眷村大門入口，這幅字後來被遴選爲文化古蹟，拓本目前擺在「大鵬七村」的村長辦公室裡。

圖八：蔣宋美齡所題之「大鵬七村」。許雄飛攝，2010.10.10。

而六塊厝的東側則爲「凌雲三村」，民國 53 年（1964）完工，後來因爲人口增加，眷舍不敷使用，又在民國 60 年（1971）時加蓋百餘間眷舍公官兵眷屬居住。兩處眷村最大的區別在於「大鵬七村」的居民以屏東基地地勤人員爲主，而「凌雲三村」的居民則以屏東基地空勤爲主。唯兩個眷村分據六塊厝地區的東西兩側，兩者連爲一體，關係非常密切。至此，「大鵬七村」、「凌雲三村」兩處眷村正式步上了歷史的舞臺，也成了屏東縣最大的眷村。

圖九：「大鵬七村」和「凌雲三村」合稱「雲鵬社區」，圖為「雲鵬社區」
的入口。許雄飛攝，2010.10.10。

　　目前兩個眷村均由中華民國空軍439聯隊管轄，空軍439聯隊爲一個混合聯隊，駐地在屏東機場，早期主要任務爲運輸、反潛及電子作戰，目前專精於運輸和電子作戰，爲空軍7個聯隊中唯一不是配備戰鬥機的聯隊。439聯隊的前身即是空軍第六聯隊，曾經在民國47年（1958）八二三炮戰期間執行對金門的運補工作，有數架運輸機遭擊落或擊傷，兩個眷村的居民亦曾在此戰役中因公殉職。

二、眷村內的房舍

　　一般而言，眷村的街道通常是魚骨狀的造型，整個空間架構大致是由一條主要道路及許多垂直主要道路的次要巷道所構成﹝註1﹞，兩個眷村也不例外，由大鵬七村的光大一巷和凌雲三村的光武一巷相互連接成爲兩個眷村的主要幹道，凌雲國小、公車站牌及一些較主要的商店均這條路上。光大一巷、光武一巷南側是光大巷和光武巷，北側則依序爲光大及光武二巷、光大及光武三巷和光大及光武四巷，因此整個眷村也有些類似棋盤狀。

圖十：「大鵬七村」與「凌雲三村」街道圖

說明：紅線爲兩個眷村的交界，西邊爲「大鵬七村」，東邊爲「凌雲三村」。

資料來源：maps.google.com.tw，紅線爲筆者所加，查詢日期：2011.4.30。

﹝註1﹞李存治，《眷戀忠貞憶空工》，新竹：新竹市文化局，頁29。

　　一般而言，「大鵬七村」的眷舍有 6 戶連為一棟和 12 戶連為 1 棟兩種。而眷舍的面積又可以分為甲 A、甲 B 和乙三種，茲列表說明如下：

表九：大鵬七村眷舍面積表

	面　積	對　象
第一級	九坪	夫妻倆人
第二級	十四坪	夫妻倆人及兩個孩子
第三級	十七坪	夫妻倆人及兩個以上的孩子

　　而「凌雲新村」方面眷舍為連棟的平房，有 1、2、4、6、8、12 等不同戶數之區隔，而每間眷舍的面積又分為 7、9 及 11 坪 3 種。不過由於兩個眷村興建的時間已經屬於後期，因此建築結構已是磚牆覆瓦，連棟分戶，就眷村而言已是相當不錯。

　　而且需要特別指出的是眷舍的分配純粹是依眷屬的人口數為依據，與官階的大小沒有任何關係。雖然「國軍眷業務處理辦法」第三款：眷村管理中第 28 條規定：「眷舍有擅自增（改）件之情事者一律視為違章建築，由列管單位依法處理。」只是現實生活的空間不足，讓眷村時有加蓋的情形。此外，「資源有限，創意無窮」，當時住家附近偶有零星的空地時，居民們便利用那些空地種植地瓜、木瓜、香蕉或小白菜等蔬果，甚至還會養些雞鴨等食用或出售貼補家用。

圖十一：眷村居民自行向外加蓋之眷舍。許雄飛攝，2010.10.10。

圖十二：眷村居民自行向上加蓋之眷舍。許雄飛攝，2010.10.10。

三、眷村人口

一般而言，由於居民多為軍人或其眷屬，人口數量列表如下：

表十：屏東市與鵬程里、凌雲里兩里戶數、人口數統計表

		58 年	63 年	69 年	74 年	79 年	84 年	89 年	90 年
鵬程里	戶數	629	639	732	705	661	633	638	679
	人口數	3089	3065	3112	2692	2177	1914	1657	1705
凌雲里	戶數	481	630	660	652	618	645	651	653
	人口數	2192	2706	2639	2349	2033	1964	1730	1690
屏東市	戶數	29634	33340	39763	46591	53480	59130	64001	65004
	人口數	161590	172997	187383	200441	210801	215096	215282	215245

		91 年	92 年	93 年	94 年	95 年	96 年	97 年	98 年
鵬程里	戶數	695	692	713	715	707	690	691	686
	人口數	1716	1701	1716	1678	1615	1560	1553	1481
凌雲里	戶數	667	670	671	665	647	629	607	597
	人口數	1657	1622	1587	1556	1475	1431	1365	1291
屏東市	戶數	66198	67421	68462	69591	70133	70773	71517	72116
	人口數	215584	216338	216777	216708	216425	215962	214987	213614

資料來源：屏東縣戶政事務所戶籍資料。

按鵬程里的行政區主要為大鵬七村與屬於職務官舍的慈恩十二村，而凌雲里除了眷村靠屏東市方向外圍有一些民間住宅外，主要還是以凌雲三村為主體，也就是說兩個里居民均以軍人及其眷屬佔大多數。由上表可以看出兩個眷村的人口數始終保持相當穩定，原因除了眷村內的居民以軍人為主外，應該是兩個眷村地處屏東市西側邊界，民間在附近購屋的情形並不多見，因此兩個里的居民數一直到99年（2010）下半年眷村改建後才有大量遷出的情形。

四、自治會與婦聯會

就眷村原始的設立目的，是將軍隊的家屬安置好，解決其居住的問題。加上相對於一般社區，許多眷村算是相當大型的聚落，不僅人數眾多，而且居民來自中國大陸大江南北，風俗、文化甚至語言可能均不盡相同。而且「眷村」有有相當的軍方色彩，其經營管理一般地方政府很難介入其中，因此國防部對眷村另有管理之系統及權責單位，以便處理「眷村」之一般事務並做有效之管理。

一般而言，國軍眷村管理階級如下：

表十一：軍方管理眷村的層級組織：

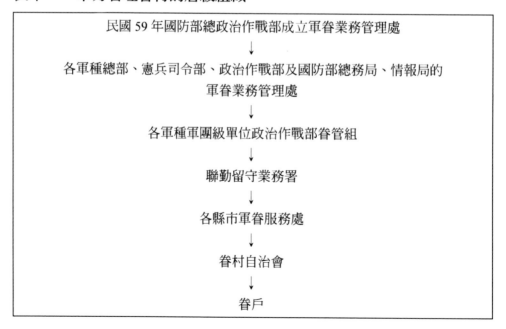

　　而根據民國 45 年（1956）頒布的「國軍在臺軍眷業務處理辦法」第 14
條規定：

> 眷村應設自治會，已配舍有案之當事人或主眷與年滿二十歲以上居
> 住眷村內之子女等為會員。自治會設會長一人（必要時得設副會長
> 一至二人），委員三至九人、候補委員一至三人，均係義務職，任期
> 二年。會長連選得連任一次。副會長、委員、候補委員，連選得連
> 任之。
>
> 國軍眷村得視需要設置眷村婦女工作隊。

圖十三：大鵬七村的里長辦公室。許雄飛攝，2010.10.10。

圖十四：凌雲三村的里長辦公室。許雄飛攝，2010.10.10。

不過因為「大鵬七村」的轄區、居民與一般地方自治單位「大鵬里」相差無幾，而「凌雲三村」與「凌雲里」的狀況亦相當類似，因此雖然一開始兩個眷村均有自治會的設立，到了後來都合而為一，自治會長及其相關幹部的職掌均由里長及其幕僚擔任。一般而言，里長在眷村的工作除了一般行政事務、政令宣導、公共設施改善、房舍維修、急難救助及調解住戶糾紛外，近年來最重要的工作即是眷村改建工作的推行。而兩個眷村並未設有眷村婦女工作隊，相關的活動則由設在屏東市的「婦聯會」派遣工作人員前來支援〔註2〕。

五、教育

在教育方面，在幼稚園階段，兩個眷村的教育單位主要有兩處，一是凌雲國小附設之幼稚園，另一處則是位在「凌雲三村」活動中心左側、由婦聯會設立的「藍天幼稚園」。唯因為眷村青壯年人口逐漸減少，出生的嬰兒數亦不斷下降，因此「藍天幼稚園」在民國70年間便已關閉，而凌雲國小附設幼稚園學生人數不斷在降低中。

國小階段，主要就是位在「大鵬七村」內的凌雲國小，不過近年來因為家長對子女的教育重視更甚以往，許多家長把子弟專程接送就讀屏東市區的小學，使得近來凌雲國小的學生人數逐年降低，至於國中階段以上便需要前往設置於屏東市區的國、高中就讀。

圖十五：早期「藍天幼稚園」的舊址。許雄飛攝，2011.2.8。

〔註2〕2010.8.28 王藍里長訪談記錄。

六、福利措施

　　眷村里的居民除了政府提供居住的地方外，另外還有實物的配給，當時每位眷屬均有一張眷補證，憑証領取，後來每戶每月尙增加另加發 40 元津貼。後來配給的數量在民國 62 年（1973 年）做了微調，眷油調整爲大口 800 公分，中、小口各 400 公分，其餘不變。民國 78 年再度調整，只剩眷米、眷油及眷鹽三項，眷油再度調整爲大口 1 公斤，中、小口各 0.5 公斤。惟根據眷村居民回憶，在民國 60 餘年間，所有的實物配給便已改發代金。

表十二：民國 50 年代眷村居民每月之實物配給

年齡		每月軍眷食物補給			
		眷米	眷煤	眷油	眷鹽
		九五中熟米	半焦煤	黃豆油	洗滌鹽
小口	一至五歲	米 5 公斤	煤 12 公斤 500 公分	油 312 公分	鹽 250 公分
中口	六至十歲	米 10 公斤	煤 12 公斤 500 公分	油 312 公分	鹽 250 公分
大口	十一歲以上	米 14 公斤	煤 25 公斤	油 625 公分	鹽 500 公分

說明：表格中眷煤、眷油、眷鹽之單位「公分」即「公克」。

資料來源：黃文珊，〈高雄左營眷村聚落的發展與變遷〉，國立高雄師範大學地理學系碩士論文。

　　除了政府發給的實物配給外，當時位在屏東市忠孝路的教會偶爾也會來眷村內發一些牛油、玉米粉、脫脂奶粉或舊衣服。此外，此外，也會有來自美國或是婦聯會不定時發放的物資，如豆漿、饅頭或者是奶粉。而在一般日常用品採購方面，當時在屏東機場大門旁的小營門內設有「軍公教福利站」，眷村內的居民可以憑眷補證以較一般市面相當優惠的價格購買各式的日常用品。

　　醫療方面，在早期，由於職業關係，軍人有時需要駐守部隊而無法時時在家照顧妻小，所以一旦家人生病急需就醫時往往令人牽腸掛肚。爲了安定軍心，因此有了軍眷醫療體系。民國 45 年（1956 年）國防部成立「軍眷服務處」後開始在較具規模的眷村成立軍眷診療所。當時醫師是由現任或退役的軍醫生招考錄用，薪水比照軍醫待遇，惟不分配眷舍。軍眷診療所在設立後需求日增，因此最高時期多達 103 處〔註3〕。在當時，兩個眷村的軍眷診療所

〔註3〕楊昇展，《南瀛眷村誌》，臺南：臺南縣政府，2009 年，頁 69。

設在現在凌雲里辦公室的現址，編制有 2 名醫官和 3 名護士，只要是居民都能憑著眷補證免費看診。後來因爲各地診所、大型醫院林立，設備均較眷村內的軍眷診療所新穎，加上後來民國 84 年（1995 年）「全民健康保險」的興辦，因此在軍眷診療所便在 80 年代結束營業。

不過由於近年來眷村內老年人的人口數逐年升高，對醫療的需求反而更高，加上許多人因爲年紀大而行動不便，接送就醫便成了另一個需要考量的因素。眷村內每天均有由屏東市蔡豪立委提供，由村內出發開往高雄榮總的醫療專車，每星期二、五則有往屏東基督教醫院的醫療專車，每星期二、四則有往龍泉醫院的專車。而復建方面主要有博勝診所，而屏東市區內的寶建、民眾、國仁諸醫院也都是眷村內容民有需要時會前往的地方。此外，龍泉榮民醫院每三個月都會前來眷村內辦義診。

七、休閒娛樂

一般而言，空軍需要的專業程度較高，軍風較爲活潑，因此空軍眷村生活亦較爲活潑有趣，基地每逢週六晚上常常舉辦舞會，在當時民風還相當保守的臺灣算是相當「前衛」的。而部隊在逢年過節時常常會舉辦各式的慶祝活動，甚至有的部隊長更會親自到眷村拜訪眷戶，增加了過年過節的喜氣，也拉近了與眷戶的距離〔註4〕。

圖十六：「大鵬七村」內的建中司令臺及旁邊平日居民聚集聊天的遮陽棚。許雄飛攝，2010.10.10。

〔註 4〕2010.7.28 凌雲國小吳美珍老師訪談紀錄。

　　由於當時民生遠不及現代富裕，加上科技亦不及現代進步，因此娛樂遠不及現在多采多姿。除了偶爾軍方或是婦聯會的義工隊來表演，以及居民們自行娛樂，甚至有時還會引來憲兵隊到眷村抓賭的麻將外，最常見到的娛樂便是軍方在眷村中的活動中心播放電影。這在當時而言這可是一件大事，播放時總是人山人海，也是許多眷村最普遍而且也讓人最爲回憶無窮的娛樂。

　　後來民生漸漸富裕，加上在五〇年代，當時的副總統嚴家淦先生推廣「消費分期付款」，鼓勵民眾以「分期付款」的方式購買各式家電，因此收音機、電視等逐漸進入各個家庭，露天電影才不再如此吸引人，然而這種活動中心播放電影的活動仍然風行好一段時間後才漸漸式微。

　　幾年前，眷村利用凌雲國小的設備先後開設了電腦資訊班，讓眷村的婦女們也能跟上時代的腳步學習使用電腦。此外，眷村也曾經成立媽媽教室，並且開設了插花班、土風舞、元極舞等課程，提升眷村居民的生活品質並增進彼此間的情誼。

八、一般生活

　　由於凌雲、大鵬兩個眷村興建的用地之前是農地，沒有任何的建築物，因此在規劃方面可說相當方便。據大鵬七村自治會王岳祖副會長回憶指出，村內主要道路下皆設有一人高的排水管，而各個巷道底下均設有排水溝，因此儘管兩個眷村位在高屏溪的旁邊，印象中不曾有過淹水的情形，即使是近年來重創南臺灣的數個颱風，兩個眷村也都能全身而退。

　　早期，自來水尚不普及，因此大鵬七村設有一個大型的水塔，提供眷村用水。因爲眷村內人口數合計逾 5000 人，因此各項公共設施齊全，生活機能非常方便。

圖十七：「大鵬七村」內的水塔。許雄飛攝，2011.2.8。

圖十八：位在「大鵬七村」內的菜市場。許雄飛攝，2011.2.8。

　　而且由於「凌雲三村」和「大鵬七村」兩個眷村居民算是已有相當之數量，足以撐起許多商業活動，因此眷村內諸如藥局、機車行、服飾店甚至鐘錶店等均有開設，加上眷村內有凌雲國小、軍眷醫療所等，無論就學、醫療、購物等均尚稱便利，生活機能相當完整。且兩個眷村地處高屏溪畔，僅靠著一條長約2、3公里的小路通往屏東市與外界維持聯繫，因此成了一個自給自足的社區，相較於一般社區封閉許多，屏東市民不知此兩個眷村者大有人在。

圖十九：眷村內的商店。許雄飛攝，2011.2.8。

圖二十：位在凌雲國小對面的雜貨店。許雄飛攝，2011.2.8。

　　兩個眷村亦出了不少傑出人士，如陸軍上將謝建東〔註5〕、少將崔堯、何國民和空軍少將羅新民等，其他不少人在民間有著傑出表現，也有眷村子弟擔任屏東縣議員、市民代表，而著名的藝人梁修身亦出身「大鵬七村」〔註6〕。不過近年來眷村人口逐漸老化，許多眷村第二代外出定居，目前居住於眷村者有許多是老榮民或小孩。曾經有人如此敘述著眷村給予一般人

〔註5〕　2010.8.28 王岳祖先生訪談記錄。
〔註6〕　行政院文化建設委員會，《全國未改建眷村普查計畫　屏東縣》，頁50。作者按：該書未列出出版時間。

的印象：國旗、標語、窄巷、老兵、鄉音、麵食、臘味、近來開始遷村後空屋的雜草，以及罕見人跡的迢迢長巷，用來形容目前的兩個眷村似乎頗爲貼切。

一般而言，許多眷村都有著著名的招牌美食，這是因爲在早期民生物資匱乏，一般軍眷多以半米飯半蕃薯爲主食，後來眷補制度化之後，凡是軍方人員眷屬都會按眷口數及眷口年紀配發米、麵粉、食用油及鹽等主副食。而眷村婦女的手藝一向有名，因此早期幾乎家家戶戶都會利用配給的麵粉做些麵食或包子饅頭或小點心之類的食品，甚至手藝較好的還可對外販售，許多眷村都因此有著頗爲著名的包子攤、饅頭攤等。而兩個眷村中知名度最高的莫過於位在「大鵬七村」的「阿秀麵店」，曾經在 2009 年屏東縣文化處舉辦眷村文化節「麵麵俱到」美味麵食選拔中榮獲麵條組第一名〔註7〕。

圖二十一：星期日顧客大排長龍的阿秀麵店。許雄飛攝，2011.3.17。

〔註 7〕 國境之南文化觀光網，tour.cultural.pthg.gov.tw/CulturalTopicList.aspx，查詢日期：2011.6.10。

圖二十二：星期日顧客大排長龍的阿秀麵店。許雄飛攝，2011.3.17。

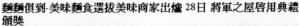

　　【記者廖銘瑞屏東報導】「麵麵俱到-美味麵食選拔大賽」結果日前揭曉，麵條組前三名依序為阿秀麵館－牛肉麵、大武町楊家涼麵－綜合涼麵及蔡家麵食－燴鍋麵」；麵點組前三名依序為正筠小籠湯包－小籠湯包、牛畝園－豬牛餡餅及劉記早點－小籠包。文化處訂於28日抽出20位民眾，提供「2009屏東美味麵食暢遊券」，可免費至選拔出的美味商家品嘗，亦抽出50個普獎，贈送精美旅行袋。

　　由於競爭激烈難分軒輊，為讓參賽者也能得到獎勵，文化處特別增設特殊獎項以鼓勵參賽商家。麵點組最佳人氣獎由「韓記山東饅頭-鮮肉包」、「祝媽媽美食館-菜包」、「張家饅頭店-豆沙包」獲得；「山東勝利饅頭店-豆沙包」則獲得最佳份量獎、「姜記山東饅頭-豆沙包」獲得最佳餡材獎、「老上海酥餅-紅豆麻薯」則獲得最佳甜點獎、「又一村-抓餅」獲得最佳手藝獎。

麵條組則「韓家刀削麵--炸醬刀削麵」、「王記涼麵-涼麵」、「任家涼麵〈中山店〉-涼麵」則獲得最佳人氣獎；「小陽春麵館-排骨麵」則獲得最佳風味獎、「胡家牛肉麵店-牛肉麵店」獲得最佳創意獎、「小山東麵館-炸醬麵」則獲得最佳口感獎、「又一村-炒餅」則獲得最佳手藝獎。

圖二十三：「阿秀麵店」在 2009 年屏東縣文化處舉辦眷村文化節「麵麵俱到」美味麵食選拔中榮獲麵條組第一名之報導

資料來源：news.e2.com.tw/utf-8/2009-11/932627.htm，查詢日期：2011.3.30。

八、其他

　　一般而言，兩個眷村生活還有幾項亦常見於其他眷村的特色：

（1）政治版圖較偏向於國民黨

這種現象尤其以第一代眷村居民更是明顯，眷村第一代居民大都經歷過抗日戰爭或是與共產黨的戰爭，在歷經顛沛流離的遷移過程後來到臺灣，因此政治立場比較容易偏向國民黨。

圖二十四：國慶日懸掛著國旗的眷村居民。許雄飛攝，2010.10.10。

（2）人際關係密切

一般而言，由於眷村內房舍常常是緊密排列的規格，鄰居之間有相當多互動的機會。加上男主人職業往往是軍人，常常有不在家的情形，鄰居之間往往需要互相幫忙來解決一些日常生活的難題。所謂「守望相助、患難扶持」成了最典型的現實生活寫照。

（3）集體活動的生活型態

大致來說，眷村居民幾乎都是同一天領配給品，同一天發餉，同一天的露天電影，加上居民相當高的同質性，使得眷村成員的相似性遠大於個人背景的差異性，因此集體活動幾乎成為眷村文化一項特殊的地方。

（4）階級觀念較為強烈

眾所皆知，軍隊是講究階級和服從的團體，而這種觀念亦常常被帶進了眷村生活。例如村里的村長或自治會長選舉，往往是由階級較高的退役軍人出來參選，甚至有相當多的情形是同額競選。畢竟以軍人的眼光來看，不論退役與否，階級較低的人擔任自己軍中長官的村長或會長總是件相當奇怪的事。

第二節　眷村內的凌雲國小

　　一般而言，在早期的非都會型聚落，聚落與聚落裡的學校關係通常相當密切。因為早年教育不如現在普及，學校往往是聚落裡知識水準較高的地方，因此學校常常是該聚落的活動、文化中心。此外，聚落的發展與聚落裡的學校常常是息息相關，通常只有聚落發展到一定的規模及程度才有學校的設置，而且學校的狀況通常也反映出該聚落的發展。

　　在早期，屏東各個眷村國小學齡兒童均由軍方派出大卡車巡迴各村將學生接送至當時空軍子弟學校──即現在之鶴聲國小就讀。而「大鵬七村」及「凌雲三村」在設立之初，兩個眷村人口合計達 5000 餘人，因此在民國 55 年（1966）6 月，屏東縣政府按照省政府協助軍方在眷村設立學校的辦法，在大鵬七村先行興建教室十間，民國 55 年（1966）8 月 1 日正式成立「屏東縣屏東市凌雲國民學校」，而後並增建自然教室兩間，於 8 月 16 日正式派陳青雲校長接掌視事〔註8〕。凌雲國小為屏東市唯一設置於眷村內的小學，這反映出當時「大鵬七村」、「凌雲三村」兩眷村已有相當的規模，此後兩個眷村的子弟便告別了搭乘軍用卡車上學的歲月，直接就讀於「凌雲國小」。

圖二十五：屏東縣屏東市凌雲國民小學正門口照片。
　　　　　許雄飛攝，2011.6.14。

〔註 8〕屏東縣凌雲國小，《壯志凌雲　鵬程萬里》，屏東：屏東縣屏東市凌雲國小，2003 年，頁 8。

表十三：凌雲國小歷任校長

	姓　名	任　期	離職原因
第一任	陳青雲	55.08.19～65.08.26	調屏東市大同國民小學
第二任	騰志忠	65.08.26～71.08.19	調屏東市前進國民小學
第三任	林坤山	71.08.19～76.07.31	屆齡退休
第四任	林秀珠	76.08.01～81.03.01	調屏東市復興國民小學
第五任	曾信雄	81.03.01～85.08.13	調屏東市麟洛國民小學
第六任	徐吉盛	85.08.13～90.02.01	調屏東市復興國民小學
第七任	施珠娟	90.02.01～97.07.31	調屏東市信義國民小學
第八任	林春如	97.08.01～迄今	

　　在建校之前，原本的校地是出租給民眾做耕種香蕉、木瓜之用，因此在建校初期，校園中不時會冒出農作物的根，往往得以人工方式將其清除甚至挖掘出來。而且當時學校僅蓋有教室一棟，校地凹凸不平，雨天時處處積水。加上凌雲國小地處高屏溪畔，周圍沒有什麼障礙物，因此時常狂風大做。風沙滾滾，塵土飛揚，常常讓學校師生乾乾淨淨上學，灰頭土臉的回家。為此學校師生常利用體育課或美術課拔草搬石填土，改善校園環境，並積極綠化，鋪設草皮種植樹木，再由上級補助經費鋪設柏油興建圍牆後，這些情形才漸漸有所改善。

　　民國 57 年（1968），臺灣正式推行九年國民義務教育，「屏東縣屏東市凌雲國民學校」正式改名為「屏東縣屏東市凌雲國民小學」。不過因為凌雲國小位在屏東市的西部邊陲地帶，加上身處眷村之中，學校學生絕大部分都是機場內士官兵子弟，因此學生數量並不是非常多。

表十四：凌雲國小歷年畢業生人數統計

年　次	56	57	58	59	60	61	62	63	64	65	66	67	68	69
畢業班級數	1	2	2	3	3	4	4	4	4	4	4	4	4	3
畢業班人數	44	120	108	116	153	140	194	163	191	217	163	178	175	153

年　　次	70	71	72	73	74	75	76	77	78	79	80	81	82	83
畢業班級數	3	3	3	2	2	2	1	2	2	2	2	2	1	1
畢業班人數	131	112	103	81	83	60	41	60	48	43	50	44	24	44

年　　次	84	85	86	87	88	89	90	91	92	93	94	95	96	97	98
畢業班級數	1	1	1	1	1	1	1	1	1	1	1	1	1	1	1
畢業班人數	26	24	24	18	15	20	16	15	27	26	16	21	17	15	8

　　凌雲國小校地為 2.312 公頃，目前擁有小學六班，幼稚園一班，全校教職員工共有 14 人。屬於小型學校，但是歷任校長都頗有建樹，除了陸續翻修舊有校舍，並增建兩處綜合球場、一處兩百公尺運動場。民國 91 年（2002）更爭取現政府經費補助興建一棟兩層樓綜合教學大樓，並於 92 年（2003）4 月正式完工啓用。

　　凌雲國小有兩個值得一提的地方，一是義工制度。凌雲國小的義工大致可分為三部份，第一部分是由六塊厝教會所引進的「彩虹媽媽」篤行劇團，「彩虹媽媽」常常利用時間對凌雲國小學生從事生命教育工作，此外若有重大節日也常舉辦在校園舉辦園遊會邀請學校師生家長共同參加。第二部份是由天下雜誌之「希望閱讀」，成員利用晨光閱讀時間兌學生實施閱讀教育。第三部份是各班家長自動參與，由於凌雲國小校地對不到一百名學生而言算是相當遼闊，在從事清潔工作時實在相當吃力，因此有相當多的義工媽媽每天到學校協助學生打掃校園。

　　凌雲國小另一個值得一提的是該校的柔道運動，曾經有過一段相當輝煌的歷史。民國 70 年（1981）6 月，凌雲國小聘請林楊志先生爲總教練，並由吳俊良主任的協助下開始推展柔道訓練活動。開始之初，一切因陋就簡，所需器材大多是東拼西湊借來，後來在當時屏東市長董榮芳先生撥款贊助下始漸有改善。民國 74 年（1985）凌雲國小柔道隊替屏東縣首度奪下全省中正盃柔道錦標賽國小女子組團體冠軍，而後佳績不斷，與當時臺北縣錦河隊、嘉義縣竹春隊並列全省三大強隊。當時已經畢業升上國中甚至高中的選手在放學後仍然回到凌雲國小的柔道場繼續練習，並在民國 75 年（1986）二月被屏東縣政府指定爲單向運動柔道重點學校。民國 79 年（1990），凌雲國小柔道場參加全國柔道協會舉辦的全國埠際聯賽，勇奪三項冠軍、三項亞軍及三項

季軍，成績比臺北北訓隊、南部左訓隊營的成績更爲優異，因此受中華民國
柔道協會指定柔道優秀選手培訓站，用來儲訓參加國際比賽的優秀選手。而
後人才輩出，例如民國 85 年（1996）代表我國參加廣島亞運柔道賽並得到銀
牌的葉雯華，及曾經擔任呂秀蓮副總統護衛的吳佩玲等，對一個小型學校而
言，有此成績實屬相當不易。

表十五：屏東縣凌雲國小基層訓練站歷年成績

年度	參加項目（名稱）	組　別	名　次
83	全國中正盃柔道賽	國小女子組	1
83	八十三年臺灣區柔道錦標賽——全國決賽	國小女子組	1
84	全國中正盃柔道賽	國小女子組	1
84	八十四年臺灣區柔道錦標賽——全國決賽	國小女子組	2
85	全國中正盃柔道賽	國小女子組	1
85	八十五年臺灣區柔道錦標賽——全國決賽	國小女子組	2
86	全國中正盃柔道賽	國小女子組	2
87	全國中正盃柔道賽	國小女子組	2
88	全國中正盃柔道賽	國小女子組	2
88	全省中正盃柔道賽	國小女子組	2
88	八十八年臺灣區柔道錦標賽——全國決賽	國小女子組	3
89	全國二十二屆中正盃柔道賽	國小女子組	3
90	全國二十三屆中正盃柔道賽	國小女子組	3
90	九十年臺灣區柔道錦標賽——全國決賽	國小女子組	3
91	臺灣區柔道錦標賽全國決賽	國小女子組	3
91	全國中正盃柔道賽	國小女子組	3
91	全國中正盃柔道賽——楊志薔	國小女子組——個人	1
91	全國中正盃柔道賽——劉玟君	國小女子組——個人	2
91	全國中正盃柔道賽——周雅潔（二級）	國小女子組——個人	3

年度	參加項目（名稱）	組　別	名　次
91	全國中正盃柔道賽——許佩雯（六級）	國小女子組 ——個人	3
91	全國中正盃柔道賽——蔡雅靜（七級）	國小女子組 ——個人	3
96	臺灣區柔道錦標賽——周佑倫（五級）	國小男生 A 組	3
98	全國中正盃柔道錦標賽——吳宛宜（七級）	國小女子 B 組	2
98	臺灣區柔道錦標賽——吳宛宜（六級）	國小女子 B 組	3
99	全國柔道緊錦標賽——吳宛宜（八級）	國小女子 B 組	1

資料來源：凌雲國小柔道隊教練吳俊良主任。

　　早期，眷村內的居民有著「強身報國」的觀念，加上身處眷村，「尚武」之風盛行，因此相當鼓勵子弟加入學校柔道隊。然而時空變化，柔道算是對身體有相當撞擊之運動，家長擔心之餘，加入柔道隊的學生已不若以往踴躍，加上因為學校學生人數遠不及以往，因此在凌雲校史留下了輝煌的一頁後，凌雲國小柔道隊漸漸的步入尾聲。目前凌雲國小轉而發展直笛隊與飛盤運動，成績相當優秀，並數次在縣級比賽榮獲佳績。

　　歷經了數十餘年的經營，凌雲國小也有了近 3300 位的校友，為了聯繫校友之間與母校的感情，在民國 96 年（2007）凌雲國小創校四十週年時，由當時的施珠娟校長、王英明主任、鄭慧華老師、王憶蘭老師支援，校友周端傑、謝麗芬、周克煌、謝耀華、彭寶明、馬長齡、羅繼新、王恩鵬等人在凌雲國小網站上成立了校友會網站，作為凌雲國小校友們的聯絡平臺。幾年下來，陸續吸引許多校友加入，尤其旅居海外的校友也透過網頁與其聯繫，並陸陸續續辦了數次各屆、各班的聚會。而校友們也對凌雲國小多所協助，例如小額捐款、電腦等硬體設備，甚至還有校友推薦體能表現不錯的凌雲畢業生進入他縣國中的體育班就讀，接受訓練，並協助生活照料。

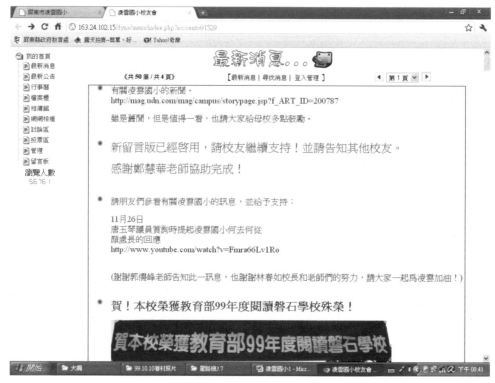

圖二十六：凌雲國小校友會網站

資料來源：http://163.24.102.15/dyna/menu/index.php?account=91529，查詢日期：2011.
4.30。

　　一般而言，學校與學校所在之聚落發展是息息相關的，聚落發展，學校自然蒸蒸日上，反之聚落逐漸沒落，學校自然江河日下。最近，因為受到少子化的影響，屏東縣不少小學面臨了減班甚至廢校的危機，進而影響到當地社區的發展，屏東縣牡丹鄉的高士國小便是其中之一。然而高士國小利用當地的條件發展種植香菇，希望藉此帶動整個部落的發展，並且獲得不錯的迴響，成了以學校規劃課程來帶動聚落發展一個相當不錯的例子。

::: 首頁 > 新聞 > 高士國小農園 板栗香菇豐收

高士國小農園 板栗香菇豐收

「香菇長大了，可以採收了！」屏東縣牡丹鄉高士國小在校園內打造「香菇農園」，利用當地生長的「板栗樹」來種植香菇，現在正值盛產期，成熟的香菇又大又飽滿，看起來非常可口，成為宅配的熱門商品，學校希望因此帶動整個部落的經濟發展。

高士部落有許多可種香菇的板栗樹，培育出來的段木香菇厚實且香氣濃郁，在市場上非常搶手，是部落重要傳統的產業。但近年來因大陸香菇低價銷台，造成產業沒落，人口外流嚴重，高士國小也因此不斷減班。

為了要提振傳統產業，高士國小與社區合作，重新找回昔日的繁華。校長許嘉政認為，要讓小朋友從小認識自己生長的部落，接觸傳統產業，體驗部落的經濟思維，才能將文化傳承下去，並能永續經營。

學校因此打造一個「香菇農園」，讓小朋友學習種香菇，也請社區菇農和香老，講解傳授種植香菇的技巧和經驗。現在學生一下課就會往農場跑，照顧香菇的長大，最近香菇收成了，大家採收忙得不亦樂乎，碩大的香菇也讓小朋友非常有成就感。

圖二十七：網路上關於高士國小以發展「香菇農園」希望帶動整個聚落發展之報導

資料來源：npo0003.npo.nat.gov.tw/index.php?mod=news&aid=145，查詢日期：2011.7.11。

　　同樣的，凌雲國小也遇到相同的困境，目前學生人數僅剩 60 餘人。除了少子化的原因外，最重要的是大鵬七村、凌雲新村預計在民國 102 年（2013）遷村，學校會有相當部分的學生將隨著遷村而搬離凌雲國小學區，因此學生數量、學校規模勢必縮小許多，未來亦充滿了不確定性。而且兩個村落人口大量外流，便會造成學生人數不斷下降。而學生人數下降，會讓學校的學童加速外流，進而使兩個眷村的沒落更為快速。如此惡性循環，對兩個眷村的發展勢必有相當負面的影響。

　　然而凌雲國小剛於民國 92 年（2003）完成新校舍的興建，許多教學設備亦相當的新穎，加上考慮到學校教職員工的超額問題，及學區內「慈恩新村」及六塊厝地區學生的就學需要，如果就此廢校也有許多需要考慮的地方。因此民國 97 年（2008），現任林春如校長奉派至本校後，便擬定各項計劃，希望讓凌雲國小積極發展出特色，進而帶動兩個眷村及附近地區的發展。為了達到這個目標，凌雲國小在評估目前學校之教師專長興趣、學校人力規劃、社區現況及人力支援等條件，最重要的是利用自己所處環境之優勢，希望能轉型成為一個成功的特色小學。

目前凌雲國小除了利用地處高屏溪河濱公園及武洛溪溼地之便發展生態教學、實地帶領學生數次前往從事生態體驗外，對教案編寫、師資培訓等方面均有所著墨。也配合屏東縣政府發展遙控飛機教學，派遣教師接受相關訓練並指導學生實地操作。並且在洪蘭教授的協助下，與國立高雄工藝博物館合作在學校設立了屏東縣第二間科學探索教室。教室中配置了大量的益智教學器材，由學校編寫相關課程，在教師指導下讓學生進行各項科學原理之探索，使學生由實際操作中體驗並理解各項科學原理，作為日後更深入學習的基礎。此外，為了配合屏東縣政府推廣「兩鐵共遊」活動，加上地處高屏溪河濱公園旁邊，凌雲國小也設置了「腳踏車教室」，由縣政府提供經費購置40輛腳踏車。當他校學生搭乘火車至六塊厝車站後欲前往河濱公園從事旅遊或生態教學時，學校即可提供腳踏車供其使用並扮演中繼休息站的角色。

圖二十八：凌雲國小學生使用科學探索教室之情形。許雄飛攝，2011.5.17。

除此之外，凌雲國小並積極發展特色課程，其主要有兩大區塊〔註9〕，首先是創意科學課程。因為凌雲國小位處屏東空軍基地旁邊，許多家長亦在基地或空軍中工作，「飛機」甚至是「飛行」對學生而言並不是陌生的事。利用此得天獨厚的優勢，凌雲國小設計許多關於飛行的課程，如手擲飛機的製作、飛行原理的探討，UAV（Unmanned Aerial Vehicle）——即無人飛行載具的製作、操控等，甚至結合環保課程，設計出關於太陽能 UAV 的課

〔註 9〕 2011.2.22 林春如校長訪談記錄。

程。為此，凌雲國小數次辦理教師培訓、辦理推廣夏令營、辦理推廣競賽，希望能培養教師相關教學能力，並引導學生之學習興趣，使課程能更順利的推展。

　　而另一個特色課程是生態探索課程。凌雲國小鄰近高屏溪與武洛溪各僅約 100 公尺，兩處濕地生態資源豐富，有如學校後花園。以武洛溪與高屏溪豐富的自然生態資源為教材，推行環境教育應是事半功倍之舉。另外更引進健康休閒觀念，以腳踏車教學為主軸，並推廣探索活動，讓學生從遊戲中學習，扎根休閒活動並能養成健康運動習慣的概念。有鑑於此，凌雲國小以數年的時間編寫關於生態方面的主題課程，搭配各項腳踏車課程，並舉辦了數次的騎乘腳踏車的校外教學活動。

圖二十九：聯合新聞網關於「凌雲國小」轉型之報導

資料來源：http://mag.udn.com/mag/campus/storypage.jsp?f ART ID=200787，查詢日期：
　　　　2011.4.30。

　　當然，有了這些轉型措施，凌雲國小學校的未來會如何？遷校、廢校、或是轉型？目前尚不得而知。然而，凌雲國小的歷史與兩個眷村的發展息息

相關，因爲有了兩個眷村而設置了凌雲國小，在早期兩個眷村欣欣向榮之時，凌雲國小也曾有過其風光的一面。如今兩個眷村將在民國 102 年（2013）步入歷史，凌雲國小的規模不斷縮小，未來也因此充滿了未定之數。然而不管結局爲何，凌雲國小終究會以眷村小學的身分在大鵬七村、凌雲新村的歷史上佔有一席之地。

第三節　眷村的六塊厝教會

圖三十：屏東六塊厝教會。許雄飛攝，2011.5.17。

一般而言，人們在現實生活遇到困境，常常比較容易會尋求宗教的寄託。而在國民政府播遷來臺的那段時期，許多來自中國大陸的軍人與軍眷面臨的物資困窘的現實問題，加上離鄉背井、與家鄉長期隔絕、音訊全無的精神壓力，因此在精神層面上有許多人是透過宗教信仰來支撐〔註 10〕。而除了中國原有的佛教、道教等宗教外，一些眷村內的居民則是選擇了西方外來的宗教，因此這種情形在「大鵬七村」和「凌雲新村」也不例外。目前大鵬七村與凌雲三村兩個眷村，關於宗教的組織有兩處，一是位在大鵬七村的正安宮，另一個就是位在兩個眷村入口處的六塊厝教會。

〔註10〕林樹、潘國正、劉益誠、曾嘉玲、何致遠、邱碧芳、李志武：《新竹市眷村田野調查報告書》，新竹市：新竹市文化中心，2007 年，頁 256。

圖三十一：位在大鵬七村內的正安宮，供奉著土地公。許雄飛攝，2011.
　　　　　5.17。

　　正安宮，供奉著土地公，是屬於相當典型的寺廟。而六塊厝教會，則是
屬於基督教中華循理會系統。基督教循理會，爲約翰・衛斯理（John Wesley，
1703～1791）和其弟弟查理・衛斯理於倫敦創立，1860 年在紐約彼金城正式
成 立 基 督 教 循 理 會 。 1904 年 首 度 派 遣 宣 教 士 安 培 生 牧 師
（Rev.C.Floyd.Appleton）及蘇克福牧師（Rev.Edwin.P.Ashcraft）抵達上海，而
後以中國河南省開封爲傳教中心展開宣道工作並正式成立中華循理會（The
Free Methodist Mission in China），足跡跨及河南、陝西、山西、新疆及四川等
省份〔註11〕。

　　民國 38 年（1949），基督教循理會隨國民政府播遷來臺後便決定將日後
的傳播福音對象鎖定兩個族群〔註12〕，第一個對象是原住民。因爲相較於平
地的漢人，山區的原住民無論是在經濟、教育、社會福利等都處於相當的弱
勢。第二個對象就是隨軍撤退來臺的大陸各省軍民。這個決定，開啓了基督
教中華循理會在六塊厝成立教會的契機。

〔註11〕李文榮，《蓬萊禧年 胸懷世界　基督教中華循理會臺灣年議會五十週年紀念
　　　　特刊》，高雄：基督教中華循理會臺灣年議會，2003 年，頁 27。
〔註12〕2010.5.17 羅遠平牧師訪談記錄。

表十六：基督教中華循理會組織表

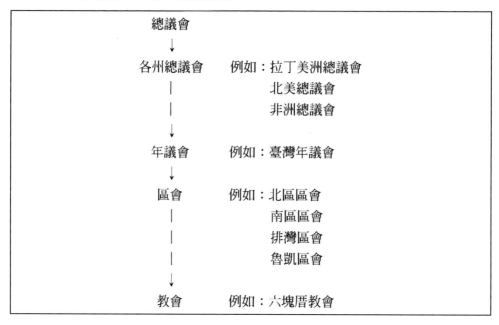

民國 52 年（1963）起，婦聯會陸續在屏東六塊厝地區捐建眷村，原本居住於屏東機場內臨時眷村及其他地區軍人及眷屬也陸續遷入，在凌雲三村及大鵬七村成立後，中華循理會也開始了在六塊厝傳播福音的日子。在民國 53 年（1964）開始，先在六塊厝眷村開設佈道所進行傳播福音的工作。民國 55 年（1966），由當時隸屬於屏東循理會的屏東忠孝教會完成評估，向內政部申請准許後開始在六塊厝凌雲路 77 號興建六塊厝禮拜堂，並於民國 56 年（1967）8 月竣工，8 月 24 日由戴永冕牧師主持獻堂儀式。至此，六塊厝教會正式踏上了歷史的舞臺。

表十七：六塊厝教會歷任牧師姓名及任職時間

牧師姓名	任職時間
汪質彬牧師	1966.4.1～1972.4.11
任駿良牧師	1972.4.12～1975.3.31
谷國欽牧師	1975.4.1～1977.7.6
趙耀牧師	1977.7.7～1981.7.16
吳務光牧師	1981.7.17～1992.6.30
羅遠平牧師	1992.7.1～迄今

民國 66 年（1977），賽洛馬颱風來襲，為南臺灣帶來了空前的破壞，六塊厝教會也不能倖免，因此做了一次整修。民國 80 年（1991），舊教堂因為老舊而拆除重建，並於民國 81 年（1992）11 月完成，即現在我們所見的六塊厝禮拜堂，興建經費全部由教友奉獻。

六塊厝教會面積大約 300 坪，禮拜堂為一棟四樓高的建築，其中二、三樓挑高，整棟建築佔地 90 坪，樓板面積約為 270 坪。固定的信徒約為 70～80 人，以往以眷村民眾佔多數，近來所佔比例略有降低。其他信徒多分布於屏東市，最遠可達歸來地區，其中有相當多的護士與老師。教會主要的聚會活動如下表：

表十八：六塊厝教會聚會活動（民國 100 年）

聚　　會	時　　間	地　　點
兒童主日學（日）	上午八點三十分	教會副堂
青年主日學（日）	上午八點三十分	教會四樓
主日敬拜（日）	上午十點	教會主堂
查經禱告會（三）	晚上八點	教會副堂
長青小組（四）	下午二點	黃連芳府上
伉儷 2 組（四）	晚上八點	李靜府上
長青團契（五）	上午十點	教會副堂
伉儷 1 組（五）	晚上八點	李恩偉府上
伉儷 3 組（五）	晚上七點四十五分	任守銘府上
單身貴族小組（五）	晚上七點三十分	教會副堂
伉儷團契（六）	晚上七點三十分	教會副堂
社青團契（六）	晚上七點三十分	教會副堂
學青團契（六）	晚上七點三十分	教會副堂

如同一般的教會，六塊厝教會對社會福利頗多著墨，對象也集中在「大鵬七村」、「凌雲三村」兩個眷村。教會中設有「社區宣教部」，專門負責這項工作。主要的工作如下：

1、社區營造方面：早年舉辦社區聯合運動會，後來停辦，目前改由與屏東基督教醫院合作實施義診。

2、凌雲國小方面：由於目前兩個眷村相較於屏東市均屬於經濟較為弱勢的地區，因此六塊厝教會在眷村教育方面頗著墨。數年前開始與與「彩虹媽媽」合作，在凌雲國小從事生命教育的課程，並於每年母親節在學校舉辦母親節園遊會，邀請眷村內的學童參加。除此之外，教會張靜秀師母及許多教會成員也都到凌雲國小擔任義工，協助了許多方面的教學工作。自民國 98 年（2009）起，六塊厝教會更與教育部合作推動「夜光天使」活動，由教育部提供經費，六塊厝教會提供場地並支援義工，每天為眷村內的小朋友在下課後提供課輔服務及晚餐照顧，由於成效卓著，九十八學年度還榮獲屏東縣政府評定為特優。

3、社區內的服務事工：對眷村內孤苦無依頻並孤苦者提供經濟、日常照顧等必要的協助，並改善其居住環境。

4、每年聖誕節固定訪視、關懷眷村內受刑人的子女。

5、針對弱勢家庭兒童，教會提供全額學雜費及營養午餐獎學金，供眷村內學生申請。

6、資助國際貧童。

7、其他臨時性天災對災民的救助：

由於目前眷村內的居民中有相當多的老弱人口，自我保護能力相當薄弱，加上兩個眷村地處屏東市西側，政府救災單位鞭長莫及。因此如果有可能危及眷村居民之天然災害發生，教會人員便會出動，將眷村內無依或獨居等需要避難之居民一一接至教會內安置，此外另有提供物資等相關支援。

8、每年暑假運用教會裡的人力舉辦夏令營。

9、社區資源的連結：除了教會的資源外，在地區上加強與里長的聯繫，對上則重視與市公所社會課、縣政府社會局等相關單位的連結，統籌能運用的資源來加強社區服務的廣度和深度。

一般而言，在六塊厝教會設立之初，因為基督教畢竟是西方外來宗教，讓教會與六塊厝居民或多或少有隔閡存在。但是經過了數十年的努力，這些隔閡似乎不像以前那樣明顯，這或許該歸功於六塊厝教會長期對眷村的投入及對眷村中各式的社會福利工作，特別是在眷村整體環境漸漸趨於弱勢的今日，這項工作更顯示其價值。

目前，六塊厝教會也面臨的眷村改建遷村導致教友流失的問題，對此六塊厝教會並無遷移的計畫，而是採取了一些對策。首先，由於部分教友已經

遷離眷村，因此教會除了加強對搬離教友之關懷聯絡外，每逢教會聚會時另以教會之福音車及協調部分教友車輛於時負責接送年老的教友。最重要的因應措施是教會計畫將推展社會福利地區由兩個眷村逐步轉向屏東市區，希望使宣教的工作不致因為兩個眷村遷村而中斷。

　　平心而論，眷村內實際成為六塊厝教會教友的居民數量上並沒有特別突出之處，但是教會同樣是因眷村地設立而成立，見證了兩個眷村的發展，同時在眷村社會福利這部份始終扮演著相當的腳色，而這點在目前經濟逐漸居於弱勢的兩個眷村尤其具有意義。兩個眷村遷村在即，六塊厝教會也採取了因應的措施，相信不管未來如何，兩個眷村的歷史終究會有屬於六塊厝教會的一頁。

表十九：六塊厝教堂部門組織表

部　　門		現行負責同工	協助同工
傳道部門	駐堂主任牧師 執事會主席	羅遠平牧師	牧師助理：（待設）
	顧問牧師	吳務光牧師	
	助理傳道	（待設）	
牧養部門	關懷部：	柯惠容姊妹	探訪隊： 愛心基金： 旅外會友連絡：李瑜玲姊妹
	長青團契	會長：孫文勝執事	
	伉儷團契	會長：李恩偉執事	小組長
	青年團契	顧問：（待設）	社青團契會長：李樹義執事 學清團契會長：李佳恩姊妹
事工部門	基督教教育部	（待設）	成人聖經學校：（待設） 兒童主日學：李靜質事
	宣教部	任守銘執事	
	靈修部	任守銘執事	
	社區部	任守銘執事	彩虹兒童生命事工 凌雲：張靜秀師母 鶴聲：劉地姊妹 崇蘭：吏坤娥姊妹

部　　門		現行負責同工	協助同工
事工部門	敬拜部	張靜秀師母	主日事工總負責：陳詩忠執事 敬拜團團長：張靜秀師母 詩班指揮：何立仁弟兄 詩班班長：楊鈞翔弟兄
傳道部門	總務部	李宗輝執事	清潔同工：羅孟紅姊妹
	資訊部	齊建坤執事	
	財務部	會計：陶尊靜執事 司庫：陳詩忠執事	

第五章 眷村改建政策下兩個眷村之變化

第一節 眷村改建政策的背景、相關法令及執行情形

　　早年臺灣海峽兩岸關係緊張，以臺灣區區彈丸之地要與整個中國大陸抗衡，國家負擔之重可想而知。因此一切因陋就簡，物質生活遠遠不及今日的富裕。所以無論是軍方自建的眷村或是婦聯會捐建的眷村，興建時大多是採用極為克難的建材與施工，因此在歷經數十年的使用後早已斑駁處處，非常老舊，維護修繕工作越來越繁重甚至已經不符經濟效益。加上各戶眷口陸續增加，為了居住需要，各戶予以自行增建或改建，除了使整個眷村房舍顯得有些凌亂之外，更使得房舍與房舍間的巷道及公共空間大幅被佔用，如此不僅降低生活品質，一旦發生重大災害時更可能危及住戶的安全。

　　除了眷舍老舊及不敷使用外，另一個促成眷村改建的因素是土地問題，早期臺灣很多地方並沒有所謂的都市計劃，因此眷村的用地很多狀況是取其方便，而未考慮其位置。等數十年過後，經濟起飛，人口大量往都市集中，都市面積隨之擴大。許多以往位於郊區的眷村成了地處市區的黃金地段，老舊低矮的眷村顯然與周圍高樓大廈顯得格格不入，不僅無法發揮眷村的土地價值，更妨礙了都市的更新與發展。當然，也有論者提出政治因素，認為眷村政治立場一向偏向國民黨，因此推行眷村改建正是國民黨打擊政治對手的手段之一〔註1〕。

〔註 1〕 自由時報電子報：www.libertytimes.com.tw/2007/new/jan/11/today-p5.htm，查詢日期：100.6.12。

　　民國 56 年（1967），國防部開始實施 8 年共 6 期的「華夏集建」專案貸款。所謂「華夏集建」專案貸款，是由國防部代表軍眷向銀行申請低利貸款，再用此筆貸款將老舊眷村遷空後在其空地興建眷舍配售給有眷官兵，也有另行購置空地興建者。有些情形則是與地方政府合作興建眷舍售予軍眷或一般百姓〔註2〕。這項專案總過興建了 1510 戶眷舍，算是眷舍私有化的濫觴。除此之外，國防部也在民國 60 年（1971）起開始規劃眷村改建的工作，只是受限於經費、法令等因素而無法徹底執行，這個現象一直到了 6 年後才有了轉機。

　　民國 66 年（1977）5 月 30 日，當時的行政院長蔣經國先生在國防部軍事會議中指示：

> 國軍眷舍大多係早期興建，現已破舊不堪，本人曾指示臺北縣政府及臺灣省政府與軍方合作，就眷村土地改建，尤以臺北市眷村土地昂貴，市政府亟與軍方合作，將眷村拆除改建大樓，並從優分配原住戶，始獲得更佳之利益；在此優惠之條件下，亦可提高軍人社會地位，希國防部與省市政府積極協商，至於涉及法令問題，行政院就國有財產範圍合理修改。〔註3〕

爲此，民國 66 年（1977）7 月國防部擬定「提供國軍眷村土地興建國宅方案」，經行政院各部會首長會商呈送行政院長蔣經國先生獲同意「選村試辦」後，民國 66 年（1977）九月國防部制定「國軍老舊眷村重建方案」送行政院審議，行政院長蔣經國先生指示先行選擇一、二處眷村與省政府先行協調試辦。民國 67 年（1978）國防部訂定「國軍老舊眷村重建試辦期間作業要點」，並奉行政院核定後實施，至此國軍老舊眷村重建的工作總算正式啓動了。

　　該辦法要點如下：

一、負責單位：國防部新成立之「國軍軍眷住宅合作社」

二、實施改建之眷村：

　　挑選位在臺北、臺中、基隆、高雄等都會區中地價較高狀況較爲單純的眷村。

〔註2〕陳學聖，《一探桃園縣眷村文化與空間肌理》，桃園：桃園縣政府文化局，2009年，頁 36。

〔註3〕郭冠麟，《從竹籬笆到高樓大廈的故事：國軍眷村發展史》，臺北：國防部史政編譯室，2005 年，頁 1。

三、眷村住戶之暫時安置：

    眷村興建期間由政府發給搬遷補助費及房租補助費，眷戶暫時在外租屋居住。興建完工後由政府發給眷戶讓售土地價款百分之七十補助購買興建完成後之新眷舍，不足之部分由眷戶自行籌措或由國防部協助向金融單位貸款。

四、建面積及分配對象：分為四種：

    24 坪：士官兵

    26 坪：少尉至中校

    30 坪：上校

    34 坪：將官

    唯家中眷口數合計若超過六口者可以增加二至四坪。

此時期眷村改建主要有四種方式：

一、與省市政府合作：

    因為當時由於民生尚不富裕，相當多的民眾無力負擔一般民間所興建之住宅，但是民眾「住」的需求始終存在。因此政府當時推動興建「國民住宅」的政策，臺灣省政府成立了「住宅都市發展局」，各地方政府也成立了「國宅處」負責此項業務，而後並與軍方「眷村改建」的政策相配合，由軍方先輔導欲改建眷村之眷戶先暫居他處後提供該眷村空出之土地，省市地方政府提供興建房舍所需的資金在該處合建國宅，建成之房舍兩者各得一半。省市政府分得的房舍以平價受與一般民眾，而軍方分得之房舍除了分配給該眷村原有住戶外，剩餘的房舍再分配給其他有需要之軍人及其眷屬，這種合作模式直到民國 72 年（1983）國民住宅嚴重滯銷後才告中止。這種方式是本階段最常見到之眷村改建方式。

二、由「國軍軍眷住宅合作社」自行辦理重建：

    國防部於民國 70 年（1981）奉准設置「國軍官兵購置住宅貸款基金」做為國軍眷村改建之用，提供資金以及欲改建之眷村騰空後的空地交由「國軍軍眷住宅合作社」重建新的眷村，完成後優先分配給該眷村原有之眷戶，剩下的餘屋再分配給其他有需要之軍人及其眷屬，此方式所改建之眷村餘屋並沒有對外售與一般民間百姓。從民

國 68 年（1979）起至民國 85 年（1996）為止，此方式總共興建了
11055 戶住宅〔註4〕。

三、由婦聯會改建為職務官舍：

此方式係在先輔導欲改建眷村之眷戶先暫居他處後，由婦聯會在該
眷村空出之土地興建職務官舍，在優先分配給原有眷戶後剩餘房舍
再分配給其他因故無法獲得新眷舍之軍人及其眷屬。較特殊的是此
類職務官舍眷戶僅有使用權而無產權，因此不能自由轉賣及出租，
且在軍人退役後便應遷出。

四、遷村：

此種方式多半用於規模較小或是地處偏遠之眷村，眷戶多半遷往鄰
近改建完且尚有多餘房舍之眷村。所空出之土地若為國有土地則由
國有財產局標售，70%補助原搬遷戶，30%撥入「國軍官兵購置住
宅貸款基金」專戶。若為地方政府所有交由地方政府運用，若為民
地則多半與原地主合作興建一般住宅出售。

五、就地改建：

由政府補助該村眷戶每戶 40 萬元就地改建新的眷舍，不足之部分由
該眷戶自行籌措。

這一階段的眷村改建對眷村而言有幾個值得一提的改變：

一、眷村的眷舍由「國有化」開始進入了「私有化」：

就以往而言，無論是軍方自行興建的眷舍也好，或是由婦聯會捐建
也好，一般眷戶多半只擁有「使用權」，並沒有「產權」，也就是只
能自己居住，並沒有出售或出租的權利。而在此波眷村改建後，眷
戶對眷舍正式有了「產權」，而這正是日後外界對此事提出是否違反
公平正義原則討論的原因。

二、眷村的現代化與大型化：

以往的眷村，多半屬於低矮的平房，而且戶數、每戶面積終究有限，
且受限於建材、興建資金，常常僅能滿足「遮風避雨」，甚至往往一
個颱風來襲，整個眷村便災情慘重。但此這一階段的眷村改建所興
建的眷村，幾乎都是 6 到 12 層的電梯大樓，大型的眷村整個眷村的
人口甚至達數千人，與過去相對小型的眷村不可同日而語。而居住

〔註4〕郭冠麟，前引《從竹籬笆到高樓大廈的故事：國軍眷村發展史》，頁 16。

設施，如各項公共設施、保全、防火及防水等設備更是較以往先進不少。

三、眷村內的住戶組成較以往同質性為低：

以往的眷村，裡面居住的眷戶多半是同一軍種甚至是同一單位，往往上班時是長官部屬或是同僚，下班返家後便是鄰居，因此居民同質性相當高。但是此波新建的眷村常常是與地方政府獲省政府合建，許多一般民眾也可以遷入，因此住戶組成同質性較以往為低。

四、眷村的空間環境有著相當大的改變：

如前所言，以往的眷村多半為平房，所謂「聲聞互通、雞犬相聞」，但是改建後的眷村常常是電梯公寓或電梯大樓，眷村內的居民生活空間由以往的「平面」轉變成「立體」，往年「腳踏實地」的生活環境變成了「頭不見天，腳不踏地」，這種改變對以往的眷村文化是必有相當的衝擊。

表二十：第一次眷村改建政策時程表

時　　間	重要記事
民國 56 年 （1967 年）	民國 56 年，國防部開始實施 8 年共 6 期的「華夏集建」專案貸款，共計興建 1510 戶眷舍。
民國 60 年 （1971 年）	國防部開始規劃「眷村改建政策」，為受限法源、經費而無實質進展。
民國 66 年 （1977 年） 5 月 30 日	行政院長蔣經國先生在國防部軍事會議針對國軍眷村改建政策進行指示。
民國 66 年 7 月 （1977 年）	國防部擬定「提供國軍眷村土地興建國宅方案」呈請行政院邀集各部會首長研商，獲得行政院長蔣經國先生同意「選村試辦」。
民國 66 年 9 月 （1977 年）	國防部制訂「國軍老舊眷村重建方案」（草案），行政院長蔣經國先生核示先選擇一、二處試辦，不必定方案發布實施。
民國 67 年 7 月 （1978 年）	國防部訂定「國軍老舊眷村重建試辦期間作業要點」，並奉行政院核定後實施。
民國 67 年 8 月 （1978 年）	國防部與臺北市政府首次合作興建「航建新城」，為此階段第一個改建的新眷村，於 70 年 7 月完工。

時　　間	重要記事
民國 68 年 11 月 （1978 年）	國防部與高雄市政府首次合作興建之「前鋒社區」動工。
民國 68 年 12 月 （1979 年）	國防部函請行政院放寬與地方政府合作興建新眷村之地點與數量
民國 69 年 3 月 （1980 年）	行政院核准放寬試辦區域為十二處。
民國 69 年 12 月 （1980 年）	國防部與臺灣省政府首次合作興建基隆市「建國新村」，於 70 年完工。
民國 72 年 （1983 年）	因國宅嚴重滯銷，雙方合作停止。

而後政府將眷村改建由行政命令提升為法律層級，民國 85 年（1996 年）4 月，李登輝總統針對國軍眷村改建政策指示：

> 老舊眷村改建問題應予根本解決，應加速眷村改建之政策設計，並採多元化、多樣化之方向進行，以充分適應個別眷村情況及眷村意願之差異性〔註5〕。

因此，國防部了草擬「國軍老舊眷村改建條例」，並於民國 85 年（1996 年）一月於立法院三讀通過，更於民國 86 年（1997 年）五月通過金額達 5167 億的「國軍老舊眷村改建特別預算」，而後此階段便稱為「新制眷村改建時期」。

〔註 5〕 本條例在制定後已經過 7 次修改，分別是：
1. 中華民國八十六年十一月二十六日總統(86)華總(一)義字第 8600251030 號令修正公布第 5 條條文。
2. 中華民國九十年五月三十日總統（90）華總一義字第 9000102430 號令修正公布第 5、9、11、16、18、23、27 條條文；並增訂 21－1 條條文。
3. 中華民國九十年十月三十一日總統（90）華總一義字第 9000213950 號令修正公布第 8、13、14 條條文。
4. 中華民國九十六年一月三日總統華總一義字第 09500184551 號令修正公布第 21－1、22 條條文。
5. 中華民國九十六年一月二十四日總統華總一義字第 09600009801 號令修正公布第 23 條條文。
6. 中華民國九十六年十二月十二日總統華總一義字第 09600164561 號令修正公布第 1、4、11、14 條條文。
7. 中華民國九十八年五月二十七日總統華總一義字第 09800134251 號令修正公布第 11、22 條條文。

一般而言，「新制眷村改建時期」與舊制眷村改建條例大同小異，不過仍有一些地方值得一提：

一、將眷村改建標準由原本的原眷戶四分之三同意改為三分之二以上同意即可進行改建。

根據「國軍老舊眷村改建條例」第22條規定：[註6]

規劃改建之眷村，其原眷戶有三分之二以上同意改建者，對不同意改建之眷戶，主管機關得逕行註銷其眷舍居住憑證及原眷戶權益，收回該房地，並得移送管轄之地方法院裁定後強制執行。

原眷戶未逾三分之二同意改建之眷村，應於本條例中華民國九十八年五月十二日修正之條文施行後六個月內，經原眷戶二分之一以上連署，向主管機關申請辦理改建說明會。未於期限內依規定連署提出申請之眷村，不辦理改建。

主管機關同意前項申請並辦理改建說明會，應以書面通知原眷戶，於三個月內，取得三分之二以上之書面同意及完成認證，始得辦理改建；對於不同意改建之眷戶，依第一項規定辦理。

但未於三個月內取得三分之二以上同意或完成認證之眷村，不辦理改建。經主管機關核定不辦理改建之眷村，依第十一條第一項第六款規定辦理都市更新時，原眷戶應由實施者納入都市更新事業計畫辦理拆遷補償或安置，不得再依本條例之相關規定請領各項輔（補）助款。

以往舊制在執行老舊眷村改建過程中，由於各個眷戶有各自的立場或觀點，況且追求最大利益是人之常情，因此眷村改建有時無法得到眷戶一致的支持，甚至有時會因為部分眷戶不同意，導致無法達到四分之三的改建門檻，使得該眷村的改建無法執行。在降低同意門檻後，老舊眷村的改建在取得居民同意的難度已較為降低。

二、「國軍老舊眷村改建條例」第五條規定：

原眷戶享有承購依本條例興建之住宅及由政府給與輔助購宅款之權益。原眷戶死亡者，由配偶優先承受其權益；原眷戶與配偶均死亡者，由其子女承受其權益，餘均不得承受其權益。

〔註6〕全國法規資料庫，law.moj.gov.tw。查詢日期：2011.3.30。

前項子女人數在二人以上者，應於原眷戶與配偶均死亡之日起六個月內，以書面協議向主管機關表示由一人承受權益，逾期均喪失承受之權益。但於中華民國八十五年十一月四日行政院核定國軍老舊眷村改建計畫或於本條例修正施行前，原眷戶與配偶均死亡者，其子女應於本條例修正施行之日起六個月內，以書面協議向主管機關表示由一人承受權益。

本條例修正施行前，已依國軍老舊眷村改建計畫辦理改建之眷村，原眷戶之子女依第二項但書辦理權益承受之相關作業規定，由主管機關定之。

也就是說自此眷村已經由原本的「公有化」轉變成「私有化」，將眷戶配偶、子女的繼承正式列入其中，即眷戶死亡者，其依該條例興建之住宅及郵政府給予補助購宅款之權益由配偶優先繼承，如配偶亦死亡者由子女協調出一人繼承。

同時，「國軍老舊眷村改建條例」第二十四條又規定

由主管機關配售之住宅，除依法繼承者外，承購人自產權登記之日起未滿五年，不得自行將住宅及基地出售、出典、贈與或交換。

前項禁止處分，於建築完工交屋後，由主管機關列冊囑託當地土地登記機關辦理土地所有權移轉登記及建築改良物所有權第一次登記時，並為禁止處分之限制登記。

換句話說，只要眷戶住滿五年即可將房舍自由出售、贈與或交換。基本上，這曾經引起相當大的討論，就某些觀念看法而言，政府為軍人及眷屬蓋眷舍已經有違公平正義原則，更何況是在追隨國民政府來臺的外省第一代過世後竟然還能把權益交由第二代繼承，明顯圖利於特定族群。因此在民國 86 年（1997 年）5 月 28 日，由當時立法委員蘇煥智等 55 名立法委員針對「國軍老舊眷村改建條例」顯有違反憲法第七條平等權之規定向司法院大法官會議提出釋憲案。民國 88 年（1999 年）5 月 28 日，司法院發布「釋字第 485 號」答覆如下：

憲法第七條平等原則並非指絕對、機械之形式上平等，而係保障人民在法律上地位之實質平等，立法機關基於憲法之價值體系及立法目的，自得斟酌規範事物性質之差異而為合理之區別對待。促進民生福祉乃憲法基本原則之一，此觀憲法前言、第一條、基本國策及

憲法增修條文第十條之規定自明。立法者基於社會政策考量，尚非不得制定法律，將福利資源為限定性之分配。國軍老舊眷村改建條例及其施行細則分別規定，原眷戶享有承購依同條例興建之住宅及領取由政府給與輔助購宅款之優惠，就自備款部分得辦理優惠利率貸款，對有照顧必要之原眷戶提供適當之扶助，其立法意旨與憲法第七條平等原則尚無牴觸。

惟鑒於國家資源有限，有關社會政策之立法，必須考量國家之經濟及財政狀況，依資源有效利用之原則，注意與一般國民間之平等關係，就福利資源為妥善之分配，並應斟酌受益人之財力、收入、家計負擔及須照顧之必要性妥為規定，不得僅以受益人之特定職位或身分作為區別對待之唯一依據；關於給付方式及額度之規定，亦應力求與受益人之基本生活需求相當，不得超過達成目的所需必要限度而給予明顯過度之照顧。立法機關就上開條例與本解釋意旨未盡相符之部分，應通盤檢討改進。

由司法院大法官會議的解釋可以看出，雖然「國軍老舊眷村改建條例」不被認定為違反憲法第七條平等權之規定，但就其釋憲文的遣詞用字而言，「國軍老舊眷村改建條例」似乎有著相當需要討論的空間。

三、經費來源

在第一期的眷改中，除了就地改建的眷戶由政府補助每戶 40 萬之外，政府並沒有正式編列預算投入資金。而在第二期中，資金的主要來源有下列數種：

一、循預算程序或由改建基金融資之款項。

二、基金財產運用所得。

三、本基金孳息收入。

四、基金運用後之收益。

五、處分或經營改建完成之房舍價款收入。

六、眷村土地配合公共工程拆遷有償撥用價款及地上物補償金。

七、有關眷村改建之捐贈收入。

八、貸放原眷戶自備款利息收入。

九、其他有關收入。

也就是說，由政府正式編列預算進行眷村改建。這個政策同樣引起了討論，甚至已有立法委員就該政策提出質詢並質疑其不當。

四、眷戶的選擇較有彈性

就第一期眷村改建而言，眷戶幾乎沒有其他的選擇，就是暫時搬遷、等待新建眷舍蓋好後搬入居住。但是第二期眷村改建政策，因為臺灣的空屋率始終居高不下，為了消化空屋，政府特允許眷戶可以選擇遷入新建的眷舍或是領取補助金後自行到外購置成屋居住。如第 21 條規定：〔註7〕

> 原眷戶放棄承購之改建住宅，志願領取前條之輔助購宅款後搬遷者，從其意願。

五、眷戶所享受的輔助購宅較舊制優惠許多：

按舊制規定，原眷戶可享受 69.3％眷村土地公告現值作為輔助購宅款，而在新制，第 20 條規定：

> 原眷戶可獲之輔助購宅款，以各直轄市、縣（市）轄區內同期改建之國軍老舊眷村土地，依國有土地可計價公告土地現值總額百分之六十九點三為分配總額，並按其原眷戶數、住宅興建成本及配售坪型計算之。分配總額達房地總價以上者，原眷戶無須負擔自備款，超出部分，撥入改建基金；未達房地總價之不足款，由原眷戶自行負擔。前項原眷戶自行負擔部分，最高以房地總價百分之二十為限，其有不足部分，由改建基金補助。原眷戶可獲得之輔助購宅款及自備款負擔金額，依各眷村之條件，於規劃階段，由主管機關以書面向原眷戶說明之。申請自費增加住宅坪型之原眷戶，仍依原坪型核算輔助購宅款，其與申請價購房地總價之差額由原眷戶自行負擔。

也就是說，眷戶自行負擔的部份最高以房地總價之 20％為上限，不足部分由改建基金補助，因此眷戶在新制中所享受的較舊制優惠許多。

六、眷舍更大型化

此次眷村改建，眷舍的建築更為大型化，高達十餘層樓的 S.R.C.「鋼骨鋼筋混凝土」建築比比皆是，戶數更是動輒破百甚至破千，如桃園縣的「僑愛新村」及屏東的「崇大新村」等。而且這波的眷村改建已不再拘泥於「原地改建」，而是以「建大村、遷小村，先建後拆，全面改建」的原則來辦理。

〔註7〕 全國法規資料庫，law.moj.gov.tw。查詢日期：2011.3.30。

　　根據國防部軍眷服務處的統計，國軍老舊眷村的改建計畫，從民國69年（1980）開始推動迄今，在第一階段舊制改、遷建方面，經核定預計辦理 78 處基地改建，現已完成改、遷建 75 處約 81000 戶，執行率為 99.84%。而第二階段新制眷村改建部分，預計興建 88 處基地，改、遷建 545 村，目前已執行 433 村，計 5400 餘戶，執行率為 77.35%〔註8〕。

　　然而監察院卻在 100 年（2011）1 月 20 日由林鉅鋃、尹祚芊、李復甸三位監察委員提出「100 國正 0002 號、國防部執行國軍老舊眷村改建進度持續落後，並有改建工作及違占建戶排除與土地處分延宕、資金及人力與專業不足等缺失，核有未當」之糾正案。該糾正案指出，自從民國 85 年（1996年）國防部開始辦理眷村改建工作以來，歷經兩次變更計畫，執行進度持續落後，截至民國 99 年（2010）為止，眷改特別預算歲入、歲出及安置眷戶績效欠佳，執行率各僅約 5 成、4 成及 7 成 5，導致眷改基金不足而向銀行融資 531 億元，進而多支付 24 億餘元利息支出〔註9〕。另外，根據國防部青年日報社民國 97 年（2008）12 月 25 日的報導，國防部常務次長林於豹於民國 97 年（2008）12 月 24 日在立法院表示，國軍老舊眷村改建工程目前執行率已達 99%，但由於未完成部分所涉事務及權責相當廣泛，在執行進度仍有精進空間，原先預期於民國 98 年（2009）全數完成之規劃，目前將延至 102 年（2013）達成。

　　國防部的說法和監察委員的調查似乎不太一致，不過屏東市眷村似乎有輔助購宅款延遲發給的情形發生，甚至凌雲里辦公室外有張貼此訊息的公文，或許反映了一部分的事實。

〔註 8〕　國防部青年日報社軍事新聞網：news.gpwb.gov.tw/newsgpwb_2009/news.php?css=2，查詢日期：2011.6.12。

〔註 9〕　中華民國監察院全球資訊網：http://www.cy.gov.tw/mp1.htm，查詢日期：2011.4.20。

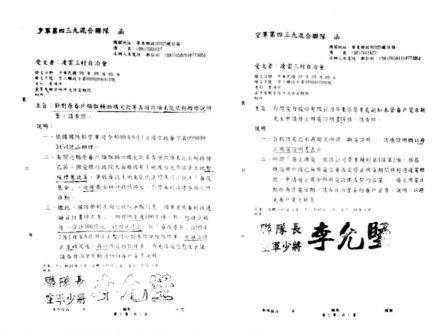

圖三十二：張貼於凌雲里辦公室外，關於輔助購宅款延遲發給的公文。
許雄飛攝，2011.2.1。

圖三十三：媒體報導眷村改建政策因為進度遭到監察院糾正之報導

資料來源：2011.1.21，聯合報 A17 版。

第二節　屏東市眷村及其改建現況與屏東縣眷村文化園區之設立

　　一般而言，屏東市對於老舊眷村改建的處理的方式大致有幾種，第一種是將整個眷村的房舍全部拆除，所留下的空地另作其他用途。第二種是將老舊眷村拆除後在其空地興建新的房舍做為新的眷村改建基地，如崇仁國宅即是興建在原崇仁新村空翔區。第三種則是將整個老舊眷村的房舍整個保留下來，並且規劃成「眷村文化園區」，如同屏東市的勝利新村等。站在「眷村文化保存」的立場，第三種方式無疑是最能夠達成這個目標的，然而就現實狀況而言，又不可能將每座眷村都保存下來，因此對於「眷村文化保存」保留這個議題，如何取捨頗費思量，因此在此謹就屏東市眷村改建及「眷村文化保存」的情形做一介紹。

　　據統計，屏東縣設有眷村的鄉、鎮、市分別是屏東市、佳冬鄉、恆春鎮、潮州鎮、東港鎮、崁頂鄉、林邊鄉和琉球鄉，分別由空軍總部、陸軍八軍團、後備司令部及憲兵司令部列管。而在屏東市眷村方面，陸續出現的眷村計有大同新村、勝利新村、憲光十村、得勝新村、崇禮新村、崇仁新村、實踐八村、礦協西村、崇德新村、貿易西村、崇武新村、大武新村、厚生里新村、頭前溪新村、克難實踐新村、礦協東村、大鵬七村、凌雲三村、貿易東村、忠愛新村 20 個眷村，後來另有慈恩六村、慈恩十二村、慈恩十六村 3 個職務官舍及由屏東縣政府興建但由空軍總部列管之復興新城。其中，勝利新村即是當時「崇蘭陸軍官舍群」之一部分，崇仁、得勝、憲光十村亦為日治時期興建之官舍，其區位全都屬於鄰近屏東機場的屏東市西北郊，其興建緣起則都是因日據時期飛行第八聯隊的設置而來。

圖三十四：屏東市中北區眷村分布圖

資料來源：葉慶元，未刊稿。

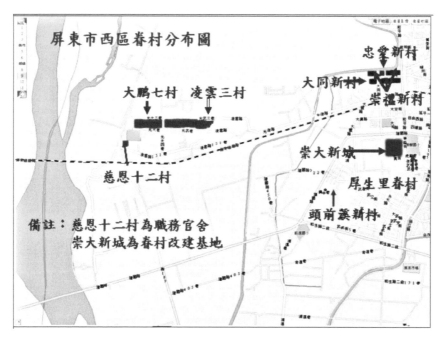

圖三十五：屏東市西區眷村分布圖

資料來源：葉慶元，未刊稿。

圖三十六：屏東市南區眷村分布圖

資料來源：葉慶元，未刊稿。

　　民國 85 年（1996），立法院通過「國軍老舊眷村改建條例」，屏東市的眷村改建也開始進行，而改建之眷村基地主要集中於三處，分別是「崇仁國宅」、「崇大新城」及「崇仁新村」。

　　「崇仁國宅」，位在屏東市自由路與博愛路口，由內政部營建署所規劃設計，臺南市馥利營造股份有限公司承建，於民國 86 年（1997）7 月 29 日開工，民國 89 年（2000）5 月 17 日完工。「崇仁國宅」佔地 7812 平方公尺，共計興建有店鋪 272 戶、電梯住宅 250 戶〔註10〕，原本為內政部所興建之國民住宅，因為在出售予民間後尚剩餘 182 戶，便於民國 92 年（2003）提供與憲光十村、貿五西村及貿易東村等眷村之眷戶選擇遷入。因此「崇仁國宅」已是軍民合住，而不是全由軍方眷村住戶所組成的社區。

〔註10〕2003 年 2 月 27 日屏東縣政府及內政部營建署印發之「屏東縣崇仁國宅簡介」。

圖三十七：拆除後的屏東市礦協新村，該村已於民國 85 年改建遷往屏
東市崇大新城。許雄飛攝，2011.1.25。

圖三十八：拆除後的屏東市礦協新村，該村已於民國 85 年改建遷往屏
東市崇大新城。許雄飛攝，2011.1.25。

圖三十九：屏東市崇仁國宅之正面。許雄飛攝，2011.1.25。

圖四十：屏東市崇仁國宅之側面。許雄飛攝，2011.1.25。

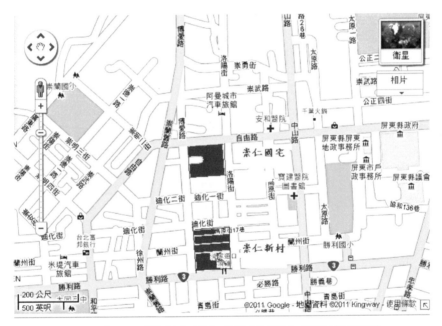

圖四十一：屏東市崇仁新村和崇仁國宅位置圖

資料來源：maps.google.com.tw，查詢日期：2011.3.31，紅色區塊及藍色字體為筆者
　　所加。

　　第二處為「崇大新城」，位於屏東市華盛街與建國路交叉口，也就是原來
大武新村、崇武新村之所在地。於民國 85 年（1996）經國防部發包，由榮民
工程股份有限公司承包。

圖四十二：屏東市崇大新城之正門。許雄飛攝，2011.1.25。

圖四十三：屏東市崇大新城之側面。許雄飛攝，2011.1.25。

「崇大新村」的規模頗為龐大，基地內共興建 24 棟地下一層，地面 13～14 層的高樓，其中有兩棟為獨棟，兩棟為三連棟，其餘均為雙連棟，興建時 12 棟大小不等之建築群同時施工，為此榮工處動用了六百餘名工程人員參與施工，並於民國 89 年（2000）9 月 7 日完工〔註11〕。完工後的「崇大新村」住戶計有 3000 餘戶，除了崇武新村、大武新村原有的眷戶外，並有大同新村、實踐八村、頭前溪村及克難實踐村等眷村之眷戶先後遷入。惟在當時有保留部分

〔註11〕榮民工程處網站：http://www.rsea.gov.tw/Report/Weekly4.htm 100.4.28，查詢日期：2011.3.15。

餘屋供一般民眾承購後遷入，再加上依照規定國軍眷村住戶在持有 5 年後便可以出售或轉讓，因此目前「崇大新村」住戶已經不完全是傳統軍方之眷戶。

　　目前，隨著國軍老舊眷村改建的政策逐步實施，原有的老舊眷村陸續遭到拆除，眷村文化保存之議題也逐漸受到重視，各地如新竹縣、高雄市等陸續成立眷村文化館。同樣的議題在屏東市也逐漸受到重視，並且陸續舉辦幾屆有關軍方或眷村的活動。

　　民國 96 年（2007）9 月 10 日至 9 月 24 日，屏東縣政府文化局在青島街舉辦第一屆眷村文化節──「二○○七眷村文化節主題活動」，包括進行的「眷村嘉年華暨美食園遊會」及晚間舉行的「竹籬笆之夜」，前者計有十二個攤位設攤展示眷村美食，後者則由各表演團體表演京劇、雲南擺夷孔雀舞等。

　　民國 97 年（2008）10 月 10 日至 10 月 12 日，屏東縣政府在屏東空軍基地舉辦「陽光、飛行、2008 樂活在屏東」活動，結合屏東農產品介紹、空軍機種展示及軍機飛行表演。同年 10 月 25 日由文化處舉辦「第二屆眷村文化活動──餃力大賽活動」，選定眷村飲食文化代表之一的水餃為主題邀請各路好手同臺競技，並發起「眷戀好滋味」屏東眷村美食推薦，讓民眾在網路上推薦屏東眷村美食。民國 98 年（2009）11 月 3 日到 11 月 12 日，文化處繼續舉辦「第三屆眷村文化活動──麵麵俱到」，將主題改為麵食，徵選民眾認為最好吃的麵食。99 年（2010）則舉辦「2010 屏東眷村文化節軍歌及軍中情人歌曲比賽活動」，並舉辦「黑磚瓦的共同記憶」，徵求各方收集的眷村老照片後在文化中心展出。

圖四十四：2010 屏東眷村文化節軍歌及軍中情人歌曲比賽活動

資料來源：www.cna.com.tw/Postwrite/P5/70069.aspx，查詢時間：2011.3.16。

　　除了軟體的各項活動外，在硬體方面，屏東縣眷村文化保留區的焦點主要集中在兩處，一是位在東港鎮的共和新村，一處是位在屏東市的勝利、崇仁眷村。

　　東港鎮的共和新村最早同樣可以追朔到日據時期，當時為了南進政策日後向東南亞用兵，日本政府在東港大鵬灣設立了臺灣首座的海軍水上飛機場〔註12〕，於昭和15年（1940）完工，駐紮了包括東港海軍航空隊和海軍第61航空廠東港分工廠〔註13〕。當時的水上飛機場全臺灣僅有淡水及大鵬灣兩處，因此大鵬灣歷史戰略地位相當重要！後來日本政府抽取大鵬灣的泥沙來填高共和社區原來的漁塭地，並在此建造海軍航空隊軍官的宿舍群。臺灣光復後，東港基地由中國空軍接收，民國38年（1949）政府播遷來臺，空軍至公中學、空軍預備學校及空軍參謀學校相繼進駐，使東港基地成為當時空軍的教育訓練中心，幹部及學生一時大量湧入，當局乃將原先的海軍航空隊軍官的宿舍群命名為共和新村並作為軍官宿舍，而士官兵則大多安置在大鵬新村。

　　在建立之初，日本對其規劃相當用心，興建的軍士官宿舍以和式建築為格局，獨棟獨院寬敞舒適，每戶眷舍均擁有自己充分的活動空間，屋外空地皆鋪有草皮可供散步或做景觀的營造。房舍空地外圍則以日式空心磚牆的四周堆疊，搭配木製的紅色矮門，灰色瓦頂及充分綠化的院子，除了給人一種庭院深深的幽靜，堪稱是相當優質的生活環境。而且在興建時就已經有引自林邊的自來水設施及供應電力的設備。日後太平洋戰爭爆發，因為全區皆屬木造的房舍，又鄰近軍事基地為中美空軍轟炸的重點區域，因此在重要路口皆設置有消防栓以防萬一。目前共和新村全區仍保留62棟的日式建築，每一戶都是30坪甚至上百坪的大宅院，平均屋齡都超過一甲子〔註14〕。

〔註12〕張詠翔，〈二戰日軍水上飛機泊錨地——東港大鵬灣〉，《全球防衛雜誌》15期，2004年7月，頁98。

〔註13〕黃麗娟，〈眷村居民對眷村改建政策反映與衝突之研究——以屏東縣東港鎮共和新村為例〉，國立屏東科技大學熱帶農業暨國際合作系碩士學位論文，2010年。

〔註14〕行政院文化建設委員會，《全國未改建眷村普查計畫　屏東縣》，頁343。作者按：該書未列出出版時間。

　　然而在國軍推行眷村改建政策後，共和新村同樣面臨拆除的問題。民國
96 年（2007）12 月 27 日，包括灰瓦厝眷村文史工作室、高雄國軍文化發展
協會、屏東縣教師會生態教育中心、屏東環保聯盟、東港文化環境建設促進
會等高屏區 10 多個文史生態團體，前往屏東縣政府陳情，認為共和新村是屏
東縣最具特色的戰爭歷史文化遺產，且基於都市規劃、觀光資源等理由，希
望將聚落型式給予完整保留，使其避免遭到拆除的命運。然而屏東縣政府已
經將勝利新村 50 棟和崇仁新村成功區 21 棟一共 71 棟日式眷舍登錄為屏東縣
歷史建築文化資產，似乎也沒有多餘的經費與人力繼續經營共和新村。而共
和新村的居民認為共和新村改建的四分之三認證門檻仍有瑕疵，故轉而提出
行政訴訟〔註 15〕，然而目前共和新村的改建已經發包完成，如果沒有意外，
將於民國 100 年（2011）6 月開始進行改建工程。

　　第二個焦點屏東市的勝利、崇仁眷村，同樣可以追朔到日據時代。當時
日本政府在屏東設置了臺灣第一個飛行場作為航空警察班的駐地，除了進行
對山地原住民示威飛航、偵巡炸射的任務外，亦擔任中央山脈橫斷飛行、與
後山花蓮和臺東間的聯絡及提供空中郵遞服務等任務。等臺灣島內情勢逐漸
穩定而日本南進政策逐漸明朗化後，進駐屏東的飛行部隊便逐漸擴編，昭和 2
年（1927）日本陸軍航空隊正式進駐臺灣，將警察航空班併編，取而代之的
是日本陸軍飛行第八聯隊，昭和 3 年（1928）2 月 19 日舉行開隊式，為此，
日本政府在現今屏東市勝利路與博愛路交叉口附近興建官舍供其軍官居住，
此即日後為國民政府所接收之「崇仁新村成功區」。後來於昭和 11 年（1936）
8 月 1 日更將原來的陸軍飛行第八聯隊擴編為陸軍第三飛行團，昭和 12 年
（1937）5 月 1 日又在屏東飛行場設立了全臺灣最大的屏東陸軍航空支廠。隨
著更多的陸軍人員進駐屏東，為此日本政府於昭和 12 年（1937）著手興建官
舍，其地點位在今天屏東市中山路與勝利路、青島街與康定街的交叉區塊，
因為其皆位於屏東市崇蘭之區域，稱之「崇蘭陸軍官舍群」，後來國民政府接
收後命名為勝利新村，至於崇仁新村空翔區則是太平洋戰爭約 1940 年代初期
才興建的。

<hr>

〔註15〕2011.5.5 葉慶元先生訪談記錄。

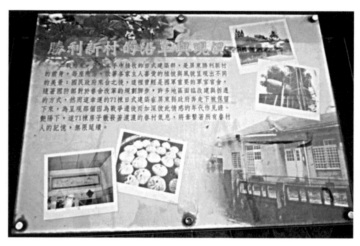

圖四十五：屏東縣政府在「勝利新村」所立之解說牌。許雄飛攝，2011.
1.25。

圖四十六：位在屏東市勝利路之日式眷舍。許雄飛攝，2011.1.25。

　　這批日式結構官舍為磚木造房舍，以磚頭作為地基，屋內的木製結構為
以檜木所打造，同時考慮到臺灣南部高溫多雨的熱帶氣候，因此屋頂以日本
黑瓦覆蓋，並且以雨淋板蓋住屋身。而房屋周圍的柱子、圍牆大量使用洗石
子技術，庭院面積非常寬廣，草木扶疏，稱得上是非常良好的居住環境。而
其中最為著名的便是「族群音樂館」和「將軍之屋」。

　　「族群音樂館」，位在屏東市中正路上，為孫立人將軍民國34年（1945）
擔任陸軍訓練司令時的行館。民國42年（1953）5月爆發「孫立人事件」，隔
年孫將軍即自臺北公館遷居臺中市，並遭到軟禁，原在屏東的行館也改為空

軍招待所，歸屏東第六聯隊、即現今空軍 439 聯隊管轄作為宴會場所或招待少將級以上將領住宿。民國 64 年（1975）移交給屏東縣政府管理，後來屏東縣政府斥資 2100 萬元將其規劃為「族群音樂館」，並於民國 90 年（2001）開始動工，除了整建原有建築物外，並設置露天表演場、文物展示館、增建一座 280 坪多功能演講廳，以傳承縣內河洛、客家及原住民的傳統音樂文化，目前「族群音樂館」已是屏東市有名之景點。

圖四十七：位在屏東市中山路 61 號的族群音樂館。許雄飛攝，2011.1.25。

　　「將軍之屋」，原為陸軍官校校長官邸，位在屏東是青島街。居住者包括李鴻、葛南杉、艾靉、湯曜明、黃幸強、陸德耀及臺兒莊戰役中擊敗兩師團揚名中外的羅文浩將軍等諸位將軍，先後曾有卅多名將軍住過該官舍，稱其為「將軍之屋」當之無愧。民國 98 年屏東縣政府斥資 800 萬元整修完畢，並命名為「將軍之屋」，裡面陳設著一些眷村的文物及屏東眷村之介紹。

圖四十八：位在屏東市青島街 106 號的將軍之屋。許雄飛攝，2011.1.25。

民國 96 年（2007）5 月 8 日，屏東縣政府公告，將勝利新村 50 棟和崇仁新村成功區 21 棟一共 71 棟日式眷舍登錄為屏東縣歷史建築文化資產，並且陸續進行眷村周邊環境景觀整體規劃。民國 96 年（2007）11 月 22 日，立法院三讀通過「國軍老舊眷村改建條例修正案」，其中第 14 條規定：

改建基金之用途如下：

一、興建工程款及購地開發費用之支出。

二、投資參與住宅及土地開發計畫經費。

三、有關基金管理及總務支出。

四、改建基地內原眷戶搬遷費、房租補助費及地上物拆除費、違占建戶拆遷、補償、訴訟、強制執行費用支出。

五、融資貸款利息支出。

六、本條例第二十條第二項輔助購宅款補助支出。

七、輔助原眷戶貸款支出。

八、眷村文化保存支出。

九、其他眷村改建之支出。

前項第八款眷村文化保存支出，以眷村文化保存開辦之軟、硬體設施為限；其經營、管理及維護支出，由申請保存之直轄市、縣（市）政府負責。

因此民國 99 年（2010）1 月 19 日，國防部頒佈「國軍老舊眷村文化保存計畫評選及開辦費補助作業要點」，規劃在北、中、南、東、離（外）島等五地，以不超過四億元的開辦費，成立十處眷村文化保存區，使眷村文化的保存能與眷改工作齊頭並進〔註 16〕。各地方政府可擬具保存計畫向國防部申請，由國防部會同文建會選擇；一旦獲核定為眷村保存土地，國防部應無償撥用給地方政府，未來經營、管理都由地方政府負責。核定保存的眷村土地，縣市政府可向國防部申請無償撥用。

民國 99 年（2010）屏東縣政府初步完成眷村文化園區規劃構想，向國防部申請，將位在屏東市中心勝利新村、崇仁新村成功區共計約 6 公頃的面積成立「眷村文化園區」。

〔註 16〕國防總政治作戰局政戰資訊服務網：http://gpwd.mnd.gov.tw/onweb.jsp?webno=3333333015&webitem_no=3198，查詢日期：2011.3.30。

　　根據屏東縣政府「勝利、崇仁眷村歷史建築委外經營管理說明會」的資料，初步規劃未來眷村文化園區提出四大主題特色：人文、美食、藝術和文化，作法是將整個文化園區分為三大主題區：勝利新村——野戰大地，為陸軍主題區、崇仁新村——飛躍青天，為空軍主題區及崇仁新村——直抵海角，為海軍主題區，賦予園區展示館、住宿體驗、餐廳、影視製片、及文創基地等硬體設施，希望達成生活文化保存、飲食文化傳承、文化產業創造及藝術家進駐的 4 個目標。具體內容有勝利路南、北美食文化、藝術家駐村、電影協拍場景提供、long-stay 生活體驗或特色咖啡街等，並且透過整合「眷舍」、「街道」及「老樹」的傳統地景空間整體規劃，建構成市中心完整且具有特色的眷村文化園區。最重要的是，希望所成立之眷村文化園區能夠結合屏東縣的國家公園、生態教育、國家級風景區、休閒農業及民宿觀光區，使屏東成為富有教育、趣味、藝術及旅遊特色的觀光地區。

圖四十九：媒體對於眷村歷史建築委外經營說明會之報導

資料來源：2010.12.1，聯合報 B2 版。

表二十一：屏東市眷村列表

名稱	地點	興建年代	興建單位	興建戶數	列管單位	改建後名稱或遷建後眷戶遷往何處
大同新村	永昌里	1935	日遺房舍	85	八軍團	崇武大武新村
勝利新村	勝利里	1935.1.1	日遺房舍	145	陸軍八軍團	崇仁新村
憲光十村		1961	日遺房舍	14	憲兵司令部	崇仁國宅
得勝新村	青島街		接收日產	82	空總部	崇仁新村
崇禮新村	永昌里	1948.5.1	空總部	231	空總部	崇仁新村
崇仁新村	空翔里	1949.1.1	空總部	480	空總部	崇仁新村
實踐八村	龍華里	1945	陸總部	136	陸軍八軍團	崇武大武新村
礦協西村	北興里	1951	空總部	200	空總部	崇仁新村
崇德新村	北機里	1953.3.1	空總部	110	空總部	崇仁新村
貿五西村	大鵬里	1953.7	空總部	181	空總部	崇仁國宅崇仁新村
崇武新村	崇武里	1954.11.1	空總部	549	空總部	崇武大武新村
大武新村	復興南路	1955.7	空總部	351	空總部	崇武大武新村
厚生里眷村	建國路	1957	防砲部	10	空總部	
頭前溪村	清溪里	1957	陸高砲營	10	空總部	崇武大武新村
克難實踐村	仁愛里	1959	屏醫院	15	空總部	崇武大武新村
礦協東村	北興里	1961.12.1	空總部	129	空總部	崇仁新村
大鵬七村	鵬程里	1963	空總部	622	空總部	
凌雲三村	凌雲里	1963.8.1	空總部	473	空總部	
貿易東村	大鵬里	1963	空總部		空總部	崇仁國宅崇仁新村

名稱	地點	興建年代	興建單位	興建戶數	列管單位	改建後名稱或遷建後眷戶遷往何處
忠愛新村	民族路	1964.7	空總部	43	空總部	崇仁新村
慈恩六村	勝利路	1977.8.1	空總部	40	空總部	
慈恩十二村	慈恩七巷	1980.9.1	空總部	128	空總部	
復興新城	復興南路	1983.12	地方政府	103	空總部	

資料來源：整理自郭冠霖，《國軍眷村發展史》附錄。

第三節　面臨眷村改建政策衝擊的兩個眷村

　　隨著時光飛逝，物換星移，如同一般的眷村，大鵬七村和凌雲三村漸漸也有了變化。眷村第一代逐漸的老去、凋零，而第二代、第三代也逐漸長大，因為婚姻、工作的關係離開了眷村，到外面的社會開闢自己的人生。因此眷村的人口逐漸老化，映入眼簾的常常是幾個老伯伯、老婆婆緩慢的步行在眷村中的巷道，讓人有一絲絲淒涼的感傷。偶爾夾雜著少數幾聲小孩子嬉鬧的聲音，那種活絡喧囂、甚至生機盎然的感覺似乎不復再現。

　　兩個眷村的改建其實由來已久，只是常常是「空穴來風」，並沒有確實的實行。直到民國 73 年（1984），兩個眷村的改建正式浮上檯面，軍方曾打算將眷舍的居民安置在屏東市的崇仁國宅，不過因為居民不滿意崇仁國宅的房舍後又不了了之，直到民國 94 年（2005）後這件事又被提了出來，而且進入實際實行的階段了。

　　民國 94 年（2005），屏東開始推動另一波的眷村改建工程，對象是陸軍的「德勝新村」，後備司令部的 4 戶散戶，空軍的「德勝新村」、「忠愛新村」、「崇仁新村」及本文主角「大鵬七村」及「凌雲三村」。原先尚有「崇禮新村」、「礦協東村」及「礦協西村」亦在此波改建名單之內，但因為超過四分之三的眷戶願意配合遷購「崇武、大武新村改建基地」──即「崇大新城」的餘宅，因此經由「國軍老舊眷村改建推行委員會」調整原先的規劃後未列入此次的改建工程〔註17〕。

〔註17〕國防部所發「屏東縣崇仁新村改建基地第 2 階段（規劃草案）說明書」，頁 1。

在早期，崇仁新村的規模相當大，根據民國 93 年（2004）11 月 15 日所完成的設計，預計共有空翔區、通海區及成功區共計 14 個基地，總戶數達 1276 戶。然而屏東市都市計畫委員會認為目前屏東市空屋率已經相當的高，遲遲不發與建照。加上「崇仁新村」工程不斷的流標，完工日期不斷延宕，使得選擇配給房舍的眷戶漸漸減少，選擇現金補償的眷戶漸漸增多，「崇仁新村」所需求的戶數亦因此不斷往下修正。民國 95 年（2006）2 月 9 日戶數認證需求完成，計有 877 戶，同年 11 月 23 日繼續下修為 861 戶，民國 98 年（2009）5 月 8 日取得都市設計審議核定文時總設計戶數 320 戶。98 年（2009）8 月 17 日戶數需求重新認證修正為 307 戶，整個計畫終於在民國 98 年（2009）9 月 11 日取得建築執照，並於 12 月 27 日正式開工，預計於民國 102 年（2013）6 月 9 日完工〔註18〕。

圖五十：位在「崇仁新村」改建基地，剛完成遷移，房舍尚未拆除的「崇仁新村空翔區」。許雄飛攝，2011.1.8。

〔註18〕喻臺生建築師事務所網頁：http://blog.yam.com/ytspingdong/article/34991021，查詢日期：2011.4.28。

圖五十一：崇仁新村施工工地之告示板。許雄飛攝，2011.1.8。

圖五十二：崇仁新村完工模型示意照片

資料來源：www.ytsarch.com.tw/yts.arch1.5/index.php/news/46-office-message，查詢日
　　期：2011.3.16。

　　在這波眷村改建中，一般而言，大鵬七村和凌雲新村的居民對於眷村改
建後政府給予的補償主要有六種選擇方式，分別是原階購置原坪、自費增坪
上一階坪、領取完工後輔助購宅款、領取發包後輔助購宅款、購置民間市場
成屋及購置零星餘戶六種〔註19〕，前兩種及第六種是選擇房屋，其餘三者選
擇購屋補助金，茲謹分述如下：

〔註19〕國防部總政治作戰局民國97年9月1日所印發：屏東縣「崇仁新村改建基地」
　　　　原眷戶（含違占　建戶）改（遷）建選項變更說明書。

一、原階購置原坪型

根據國軍老舊眷村改建條例第十六條規定，興建住宅社區配售原眷戶以一戶為限。每戶配售之坪型以原眷戶現任或退伍時之職缺編階為準。因此兩個眷村的村民在原有的眷村房舍被拆除後，可以在未來完工之「崇仁新村」選擇房舍，惟以戶為單位，每戶一間。「崇仁新村」房舍的面積主要分為 26 坪、28 坪、30 坪及 34 坪，由軍方按階級分配，將級：34 坪型、校級軍官：30 坪型、尉、士官級：28 坪型及違占眷戶：26 坪型。惟房舍並非完全免費撥給，政府負擔 80% 的屋款，住戶需自行負擔其他的 20%。而且按一般民間市場規則，即使房舍面積相同，也會因為樓層不同，所面臨之道路寬窄不一而有不同的價格。崇仁新村分為甲基地和乙基地，乙基地臨 18 米的勝利路，甲基地臨 8 米迪化街，而且每種坪數房舍的樓層也不盡相同。對此軍方的作法是在不分樓層、棟別將相同坪數之房舍由眷戶一律統一抽籤決定，但是眷戶在彼此同意下亦可互相交換。

其所負擔之 20% 屋款眷戶均可向「國軍老舊眷村改建基金」存管銀行——目前為合作金庫商業銀行申請貸款，惟金額已 100 萬元為上限，貸款期限為 30 年，按月攤還本金利息。

二、自費增坪上一階坪型

如前所言，崇仁新村是由軍方按階級分配不同面積之房舍，但是住戶若覺得有需要亦可自行負擔差額後選購較大坪數之房子。惟增坪後的房舍樓層、棟別仍是統一抽籤決定，而且自行負擔之差額不得辦理優惠貸款。

三、領取完工後輔助購宅款

這即是眷村居民俗稱的「完工價」。即政府依據民國 102 年（2013）「崇大新村」完成時房舍的實際造價 80%，發給眷村居民輔助購宅款。

四、領取發包後輔助購宅款

這即是眷村居民俗稱的「發包價」。即「崇大新村」在施工前由設計監造之建築師事務所估算所需之土地成本，房舍之興建成本後估算出眷舍的造價，再由政府根據此價格 80% 發給眷民作為另外購置房舍之用。

五、購置民間成屋

此即根據「國軍老舊眷村原眷戶領取輔助購宅款購置國（眷）宅暨民間市場成屋作業規定」。眷戶必須在民國 85 年 2 月 5 日後所購置之民間市場成

屋，且需要將房屋所有權利登記於「眷戶」名下，登記原因為「買賣」或「拍賣」即可。

領取購屋補助款。依照階級的不同而有三種金額：〔註20〕

階　　　級	補助金額
將級（34 坪型）	新臺幣 321 萬 3267 元整
校官級（30 坪型）	新臺幣 286 萬 8495 元整
尉、士官級（28 坪型）	新臺幣 269 萬 7078 元整

六、購置零星餘戶

這是指眷村之眷戶可以改申購之前屏東「崇武、大武」改建基地的零星房舍，至於價格、坪數等則一切比照「崇仁國宅」辦理。

此外，凡是未居住於「崇仁新村」改建基地內的眷戶，若選擇「領取發包後輔助購宅款」及「購置民間成屋」且在規定的時間內完成遷移者，另有補助遷出搬遷補助費每戶 10000 元整。而位在「崇仁新村」改建基地內的原眷戶，選擇「領取發包後輔助購宅款」、「購置民間成屋」者，每戶亦可取領到補助遷出搬遷補助費 10000 元整。選擇「原階購置原坪型」、「自費增坪上一階坪型」及「領取完工後輔助購宅款」者除了補助每戶遷出、遷入補助費 20000 元整外，每月尚發予房租補助費每戶 6000 元整，自公告搬遷起始日開始算，每 6 個月並按實際搬遷日核算後連同搬遷補助費核發，爾後每期發放 6 個月至交屋日為止。

上述的六個選項其實各有利弊，而且追求最大的利益又為人之常情，因此該做何選擇頗令眷戶思量。在早期，因為房價較高，選擇眷舍的眷戶比與選擇領取購屋補助款的眷戶為多，然而在「崇仁新村」工程幾經流標遷延數年後，市面房價下跌，選擇領取購屋補助款的眷戶已較選擇眷舍的眷戶為多，使「崇仁新村」規模不斷縮小。而選擇領取購屋補助款的需考量的因素亦不少，「購置民間成屋」的補助金、「發包價」和「完工價」三者有時也有相當大的差距。以高雄市左營眷村改建為例，在興建時間正值上海世界博覽會的籌備期間，中國大陸急需大量的水泥、鋼鐵等建材，也帶動了國內各項建材價格的上漲，使得眷村「完工價」高出「發包價」許多。因此「崇仁新村」

〔註20〕國防部總政治作戰局政戰資訊服務網：http://gpwd.mnd.gov.tw/onweb.jsp? webno=3333333720&webitem_no=3342，查詢日期：2011.3.21。

的 102 年（2013 年）完工時的「完工價」會比現在預估的「發包價」高或低，目前仍是個未知數。而有的眷戶選擇領取「購置民間成屋」的補助款，卻又因為某些因素無法在期限內購買房舍，因此出現了一種狀況。有些捌客提供房屋資料供眷戶登記在其名下，等眷戶完成相關程序領到補助款後再將房舍資料登記回原屋主名下並索取 15 萬元佣金，甚至也有人被捌客詐騙了錢，付了佣金卻沒有房舍資料轉登記至名下以領取補助款。

　　無論如何，自從「崇仁新村」眷村改建基地完成發包後，延宕了許久的「大鵬七村」、「凌雲三村」改建工程總算塵埃落定開始進行。礙於規定，眷村之里長無法透露選擇各項之眷戶數，然而眷村內許多眷戶開始遷出已是不爭的事實。

　　按照規定，選擇「原階購置原坪型」、「自費增坪上一階坪型」、「領取完工後輔助購宅款」及「購置零星餘戶」的居民可以居住到民國 102 年（2013）完工交屋為止，而選擇「領取發包後輔助購宅款」及「購置民間成屋」者必須在 99 年（2010）8 月 20 日至 99 年（2010）11 月 20 日之間搬遷。遷出時眷戶需要繳交斷水斷電証明、全戶戶籍遷出證明、搬遷切結書、眷舍點交記錄正本、居住憑證、房屋土地所有權狀、土地建物登記謄本等文件，並與相關人員完成點交後方能領取相關款項。

表二十二：鵬程里與凌雲里 99 年 7 月至 100 年 2 月戶數與居民數變遷表

		99 年 7 月	99 年 8 月	99 年 9 月	99 年 10 月	99 年 11 月	99 年 12 月	100 年 1 月	100 年 2 月
鵬程里	戶數	666	616	538	478	429	424	420	409
	人口數	1408	1339	1217	1106	1018	1002	995	983
凌雲里	戶數	594	590	564	454	410	398	396	393
	人口數	1267	1251	1215	1074	998	975	966	951

資料來源：屏東縣戶政事務所

　　兩個眷村的居民開始遷出後，最顯而易見的影響是讓原本就顯得有些冷清的「大鵬七村」、「凌雲三村」出現了許多「人去樓空」的眷舍。而且雖然說居民已遷出的眷舍多有經過點交的手續，但許多眷戶在遷除前將眷舍加蓋的鐵棚、鐵窗和鐵門等許多建材拆除變賣，使得許多眷舍顯得破破爛爛，徒

增幾分悽涼滄桑的感覺，無怪乎曾有報導形容尚未搬遷的居民「像住在廢墟」。如此還引發了一個問題，許多人去樓空的眷舍可能成為治安的死角，而眷村內居民許多都是老人與小孩，自我保護的能力本來就已不足，加上原本距離眷村不遠的大同派出所又已遷移至較遠的屏東市頭前溪地區，使得整個眷村安全問題令人更為擔憂。

圖五十三：拆遷中的凌雲里眷舍。許雄飛攝，2011.1.25。

圖五十四：凌雲里內眷戶已搬離之眷舍。許雄飛攝，2011.1.25。

圖五十五：凌雲里內眷戶已搬離之眷舍。許雄飛攝，2011.1.25。

圖五十六：媒體關於眷村遷建治安問題之報導

資料來源：2010.11.20，聯合報 B1 版。

第四節　眷村改建政策及眷村文化園區設立之探討

　　目前，由於眷村改建政策已逐間接近尾聲，在各地掀起一陣陣的眷村保留風浪，甚至許多地方申請設立「眷村文化園區」，似乎眷村保留是個「今日不做，明天就會後悔」的事。臺灣從民國 84 年（1995）臺南市北垣社區第一次舉辦眷村文化節活動以來，至今已以十餘年的歷史，許多縣市也舉辦了有關眷村文化保存的相關活動。同樣的，屏東縣也在進行著這項工作，除了將依部分的眷村房舍保留下來向國防部申請成立「眷村文化園區」之外，也預

定將此保留區域委外經營，希望藉由民間業者較為活潑的經營手法，賦予「眷村文化園區」一番新的風貌。

　　然而，如何讓屏東縣眷村文化保存工作達到最好的效果？在眷村文化保存這項活動中，有幾點頗值得注意：

　　首先，軍方保存眷村文化的用心相較於以往是有相當的進步。在早期，由於臺灣遠不如現在的富裕，在起碼的溫飽有時尚不可得的情況下，對於文化或歷史文物保存自然也無法投入太多的心血，特別是在一般人中顯得更為封閉的軍方，有時甚至可以說到了漠視的程度，最典型的例子莫過於曾任國民政府海軍旗艦「丹陽」的拆解。

　　「丹陽」艦的前身是日本陽炎級驅逐艦「雪風」，「雪風」艦在日本海軍可說是大大出名，太平洋戰爭中各大海戰，諸如蘇臘巴亞（泗水）海戰、中途島海戰、雷伊泰海戰，史上最大「信濃」號航空母艦護航，到最後「大和」號沉沒的沖繩之戰，「雪風」艦幾乎無役不與，而且均能全身而退，是日本相當有名的「不死鳥」。大戰結束後「雪風」以日本賠償艦之第一艘的身份在民國36年（1947）7月6日在上海移交我國後作為我國海軍旗艦，之後擔任封鎖大陸沿海任務，亦參加數次臺海戰役，如民國45年（1956）鯁門島海戰等。除此之外，民國42年（1953）10月4日與太倉艦在蘭嶼外海截獲資援中共的波蘭油輪普拉沙號，民國43年（1954）6月24日該艦又截獲支援中共之前蘇聯油輪「陶甫斯號」，為國民政府遷臺以來除了中國大陸外極少數對外投射武力的例子，成為當時相當轟動的國際事件〔註21〕。

圖五十七：丹陽軍艦

資料來源：海軍歷史文物數位典藏 metadata.teldap.tw/project/filebox/CNA/cna.htm，查
　　　　詢日期：2011.3.30。

〔註21〕臧持新，《中華民國海軍陽字級軍艦誌》，臺北：老戰友工作室，2008年，頁12。

　　如此一艘見證太平洋戰爭及臺海熱戰的一代名艦居然在民國 60 年（1971）退役後遭到拆解變賣，讓人覺得是一件相當可惜的事情，但也不是唯一的例子。其他像熬過清末及民初亂世、八年抗戰而後來臺的「楚觀」軍艦同樣遭到解體的命運，其他許多見證歷史而遭到毀棄的軍方珍貴文物只怕也不在少數。

　　如今因為臺灣眷村改建的政策，使得傳統眷村陸續改建，傳統之「眷村文化」失去了存在空間而逐漸消失。從早期比較封閉的觀念，甚至在縣市政府打算保留眷村時便搶先拆除〔註 22〕，到如今軍方能體會到「眷村文化」保存的意義，並計劃對部分的眷村予以保存，算是一件值得欣慰的事情。

　　第二點，保存眷村文化當然是值得肯定的，目前眷村文化因為眷村改建政策的執行而成為眾人注目的議題。嚴格說來，每一個眷村都有著屬於自己的一段歷史、屬於自己的一段故事，甚至是屬於自己值得被保存下來的理由，但是現實狀況仍就是無法將所有的眷村保存下來，經費就是一個限制，畢竟如果設立的太多的「眷村文化園區」，稀釋了有限的經費與人力，那經費不足、人力不足下成立的「眷村文化園區」是否真正反應出「眷村文化」，將會是更大的問題。

　　以屏東縣為例，一棟「將軍之屋」整修便花費了 800 萬元經費，而將孫立人的官邸整建為族群音樂館及增設一些設施更是花費了 2100 萬元，區區兩棟房子的整修所需的經費便數以千萬計，而就屏東縣政府所規劃的「眷村文化園區」來看，地處屏東市精華地段約 7 公頃共有 71 棟房舍，所需的經費可想而知。而更進一步想想，臺灣總共要設幾個「眷村文化園區」，又共需要多少經費。

　　此外，在選擇保留的眷村文化園區時便要面臨許多問題，首先是區位，地段好的經濟價值也高，文化和現實的考量便很令人難以取捨。地段差的日後很容易面臨經營的問題，畢竟如果地段差導致人潮少，可能形成另一個「蚊子館」。而且決定保留的眷村，如果有人居住還可以維持現狀，如果是眷戶已經搬遷而地方政府又沒有經費能馬上接管，又可能會遭到破壞，形成治安問題〔註 23〕。

〔註 22〕陳學聖，前引《竹籬笆的記憶與保存──眷村文化之搶救與保留》，頁 75。
〔註 23〕鄧榮坤、邱傑，《竹籬笆的記憶與保存》，桃園：桃園縣政府文化局，2006 年，頁 63。

圖五十八：媒體關於眷村遭到破壞之報導

資料來源：2010.9.30，自由時報 B5 版。

　　尤有甚者，臺灣很多的建設有相當的政治、或者說是選票考量，專業的評估反而是最不受考慮的因素，最簡單的例子莫過於當年民用機場的開關。眾所皆知，就專業而言，以臺灣如此狹小的幅員，交通運輸本來就該以陸運為主。但是政府卻先後開放島內許多機場民間航空公司開關飛行航班，以臺灣區區一個小島最高峰時居然有 10 個民用及軍民合用的機場飛行島內航線，甚至還有人主張在七股再興建一個國際機場〔註 24〕。事後證明因為使用率的不足，許多機場因為昂貴的維持費成了「錢坑」。令人擔心的是，目前許多地區都想申請成立「眷村文化園區」，如果不能嚴格篩選把關，是否會步上當年各地都想蓋機場的後塵？

〔註 24〕中時電子報：forums.chinatimes.com/report/2005vote/argue/c4913029.htm，查詢日期：2011.6.8。

航空站分佈圖

(2010/11/8更新)

航空站分佈圖說明

本圖係說明各航空站之地理位置分布狀況，並分民用機場及軍民合用機場分別表示，其中臺北松山、花蓮、臺南、馬公、臺中、嘉義及屏東等機場屬軍民合用機場，其餘則屬於民用機場。

圖五十九：臺灣島內民用機場及軍民合用機場分布圖

說明：新竹機場亦曾經於民國 87 年 1 月開放民用航空使用，但因載客量不足而於民國 87 年 9 月停飛。

資料來源：交通部民用航空局網站 http://www.caa.gov.tw/big5/index.asp，查詢日期：2011.6.8。

　　當然文化保存的價值絕對不是以金錢可以衡量的，更不可能以經濟的觀點而完全不做，只是因爲所需經費之龐大，加上眾所皆知目前政府早已入不敷出，任何的經費支出均應該特別的精打細算，確實的把錢花在刀口上。因此在評估眷村文化園區的設立時，我們是應該以專業的規劃爲最優先的考量，讓每個被保留的眷村都眞的是具有劃時代特殊意義的，而不是基於政治、選票，成爲一種酬庸性質的結果。否則變成了到處都有「眷村文化園區」，但也都是一個版本，毫無特殊之處，如此就失去了當初設立「眷村文化園區」的本意了。

表二十三：各縣市政府提送「國軍老舊眷村文化保存計畫」評選作業彙整表

上稿日期：2010／04／22

項次	單　位	眷村名稱	現　　　況	列管軍種
1	基隆市政府	基隆市「建實新村」要塞司令部官邸	已完成圍籬，協請地方政府代管中。	陸軍
2	臺北市政府	臺北市北投區「中心新村」	住戶尚未完成搬遷作業，遷建「政校後勤區改建基地」。預於 102 年底完成。	陸軍
3	臺北縣政府	臺北縣「三重一村」	已完成圍籬，委託地方政府代管。	空軍
4	桃園縣政府	桃園縣「馬祖新村」	地方政府委託代管	陸軍
5	新竹市政府	新竹市「忠貞新村」日本海軍第六燃料廠	住戶尚未完成搬遷作業，遷建「貿易二八村改建基地」。預於 100 年 12 月底完成。	空軍
6	新竹縣政府	新竹縣「湖口裝甲新村（乙村）」	地方政府委託代管	陸軍
7	臺中縣政府	臺中縣清水鎮「信義新村」乙區、丙區及 42 戶區屬「清水中社遺址」	已完成圍籬，協請地方政府代管中。	空軍
8	臺中縣政府	臺中縣大雅鄉「忠義村」日治時期馬廄型房舍	住戶尚未完成搬遷作業，遷建「和平新村改建基地」預於 99 年 8 月 1 日前完成，協請地方政府代管中	陸軍
9	彰化縣政府	彰化縣「中興新村」	住戶尚未完成搬遷作業，遷建「太極新村改建基地」預於 99 年 6 月 24 日前完成，協請地方政府代管	陸軍
10	雲林縣政府	雲林縣「建國一、二村」	未完成圍籬，協請地方政府代管中。	空軍
11	嘉義市政府	嘉義市「建國二村」、復興新村	協請地方政府代管中。	空軍

項次	單　位	眷村名稱	現　況	列管軍種
12	臺南市政府	臺南市「志開新村」之原水交社宿舍群	已完成圍籬，協請地方政府代管中。	空軍
13	高雄市政府	高雄市左營區「明德新村」	住戶尚未完成搬遷作業，未來將遷移至「自治新村改建基地」，預計於99年（2010）12月底完成。	海軍
14	高雄縣政府	高雄縣「海光四村」之原日本海軍通信隊基地	已完成圍籬，委託地方政府代管	海軍
15	屏東縣政府	屏東縣「勝利新村」、「崇仁新村（成功區）」	住戶尚未完成搬遷作業，遷建「崇仁改建基地」預於102年底完成。	陸軍
16	臺東縣政府	臺東縣「岩灣新村」	未完成圍籬，協請地方政府代管中。	後備
17	澎湖縣政府	澎湖縣「篤行十村」	地方政府委託代管	陸軍

資料來源：國防部總政治作戰局政戰資訊服務網，http://gpwd.mnd.gov.tw/onweb.jsp?
webno=3333333720&webitem_no=3388，查詢日期：2011.3.16。

　　第三，關於眷村居民對「眷村文化園區設立」的態度問題。相對於一些文史工作者相當熱心的態度，有時當地眷村居民的態度卻是相當令人玩味。一般而言，眷村內許多第一代的居民對原有的傳統眷村是相當懷念的，因為那個生活方式、生活環境是他們相當熟悉的，加上鄰居往往都是同袍甚至是在戰場上一同出生入死的戰友。因此眷村對他們而言不單單只是個居住的地方，甚至可以稱得上是個精神寄託的所在，更何況年長者總比較沒有意願去改變自己的生活、居住環境。所以第一代的眷村居民對於眷村改建總是持著較保留的態度，甚至是有些感傷的態度。如「大鵬七村」李仁增先生在接受訪問時便有如此感言：

> 這裡的環境是任何新興社區難以望其項背的。無鬧區之喧嘩，有廣闊之視野，空氣新鮮，不攀樓梯，鄰舍過往噓寒問暖，一旦搬進新居情況必將改觀，首先面對賦稅，又要負擔雜捐，生活在閉塞的蝸居裡，又將回到上床認識老婆孩子，下床認識一雙鞋的記憶中。老友星散，舊鄰少訊，老境而高，居寧不低，徊難已。〔註25〕

〔註25〕陳溪松，前引《眷戀——空軍眷村》，頁291。

而新竹忠貞眷村改建時也有類似的情形：〔註26〕

> 村民對眷村改建意願不高，一因久居本村五十餘載，對現居環境有
> 深厚之感情，再因大部分眷舍均自費改建二層乃至三層樓房。村民
> 對現住眷舍甚為滿意、大部分老人不習慣住高層樓房、甚至對電梯
> 之使用感到困難，以上三點是改建意願不高之主因。

然而對第二代或是第三代而言，有時現實的考量卻是佔著更大的分量。以此次大鵬七村和凌雲新村改建為例，每戶眷戶可以獲得兩、三百萬元的補償費，這個數字已經足以在屏東市區購買相當不錯的房子。在這種條件之下，寧願居住在原有老舊眷村的居民不見得居於多數。而兩個村子選擇支領補償金的戶數更是選擇房舍的兩倍，或多或少亦反映出這種現實的考量。這個現象常常使許多文史工作者為之一挫，但是這種情形並非罕見，其他像生態保護區的成立時也常面臨這種情形。對於許多事，一般人總是對位在當地的居民有著相當的「期許」，有時卻忽略了現實的問題。

第四，一般而言，「眷村文化園區」計畫要成功，可能軟體、硬體兩個因素缺一不可。硬體，也就是保存下來的眷村房舍及所需的經費，而軟體方面，就是整個「眷村文化園區」的經營方式、手法。硬體確實是重要，但是如果沒有良好的經營手法、計畫，可能會白白糟蹋了來之不易的硬體設備及經費而仍舊無法達到預期的效果。臺灣第一座軍艦博物館「德陽號軍艦博物館」的經營現況，便頗值得屏東縣政府未來在規劃「眷村文化園區」時借鏡。

民國38年（1949）國民政府播遷來臺後，美國政府開始恢復軍事援助臺灣，臺灣先後共計接收26艘美國興建於二次世界大戰期間的驅逐艦，一度使國軍海軍驅逐艦隊總噸位數高居世界第四，這批軍艦被統稱為「陽字號」驅逐艦。後來因為政府又對這批艦艇進行幾項大規模的改造工程，「復陽計劃」及「精裝」、「武進計畫」，前者為艦體結構更新工程以延長艦艇使用壽命，後兩者則是武器系統更新工程已合乎國防要求。其中 7 艘實施「武進三號」武器系統更新計畫，而德陽號軍艦即為其中一艘。以往海軍艦艇除役後不是拆解變賣便是移交行政院農業委漁業署用以改裝成人工魚礁投放於臺灣沿海〔註27〕。正因為這批軍艦意義特殊，因此德陽號軍艦退役後在各方的呼籲下，國軍將其移交給臺南市政府，並於民國98年（2009）拖抵臺南安平港，預計

〔註26〕李存治，《眷戀忠貞憶空工》，新竹：新竹市文化局，2006年，頁134。
〔註27〕胡興華，《臺灣的漁業》，臺北：遠足文化事業有限公司，2003年，頁74。

成立全臺第一座軍艦博物館。不料後來在臺南安平公開展示後的德陽軍艦卻讓人大失所望，所停泊的地方未見任何配套的規劃與設計，孤零零的一艘軍艦停泊在岸邊，解說牌、解說人員，甚至連最起碼的德陽軍艦歷史說明都付之闕如，相關資料完全沒有陳列，連個遊客遮風避雨坐下休息的棚架都沒有。最重要的，軍方對德陽艦既不是恢復其第二次世界大戰時的武裝，也不是保留其服役時「武進三號」的配備，而是七拼八湊的在艦體上隨意配置一些軍方已退役的武器裝備，甚至連風馬牛不相干的以色列「加百列」飛彈都給裝了上去，成了一艘典型的四不像，歷史價值大打折扣。無怪乎除了 2010 年以「登艦體驗計劃」在春節期間開放 7 天後便不再對外開放，整個「德陽號軍艦博物館」進度似乎停頓，僅留下了一張告示牌〔註28〕。

圖六十：臺南安平的「德陽號軍艦博物館」。許雄飛攝，2011.2.17。

陽字號驅逐艦堪稱是全世界服役最久的二戰時期美軍驅逐艦，甚至連美國的軍艦博物館也希望臺灣能割愛移交一艘。同時它們也接受了大規模的武裝現代化工程，是當年「國防自主」政策下最佳的見證，無論從哪個角度而言都是相當值得保存的。而且對於歷史文物，保存時本來就應該儘可能保持其原貌，否則便失去其保存的意義。大陸在規劃「威海——劉公島」甲午戰爭紀念館時，不惜以 3 年的時間及 5000 萬人民幣的代價打造了全尺寸的「定遠」艦。反觀我們，卻連爲德陽號軍艦恢復服役時的武器都不可得。平心而論，成立軍艦博物館並不是一件困難的事，我們鄰近的南韓早在 2000 年便在首都「首爾」附近籌建了兩座同樣以美軍所移交之二戰

〔註28〕黃琳堅，〈海軍除役艦艇在旗津、靶船、博物館、海鷗級〉，《全球防衛雜誌》318 期，2011 年 2 月，頁 41。

時期驅逐艦爲主角的軍艦博物館——「江陵統一公園」和「插橋湖艦上公園海軍主題公園」。南韓政府爲其作了一番規劃，保留了軍艦服役時的配備，並搭配上一些南韓的海軍歷史、文物、北韓的軍情，甚至還提供了海軍軍服和槍械供遊客拍照留念，因此成爲當地有名的觀光景點，甚至對國民愛國教育也有相當的功能〔註29〕。同樣的展示品，卻有如此不同的效果，差別是在用心程度而已。

就屏東縣而言，我們相當幸運的目前仍保留著具有歷史價值的眷村房社舍，而且許多眷舍興建於日據時代，更具有著深沉的時代意義。而且相較於軍艦，眷村文化園區可供其運用的空間可能有過之而無不及。再加上軍方在以往較少有與民眾的管道，許多民眾對軍方的事物常常有著許多好奇心，這些都是眷村文化保留區在經營時很好的著力點。在排除種種因素將硬體的眷村房舍建築留下來後，接下來該想的事如何讓這些硬體的眷村房舍眞正展現出屬於那個年代的文化、生活甚至是歷史價值。

然而，就目前而言，臺灣各地所舉辦的眷村文化活動相當踴躍，但是深究其內容，很多不外乎展示一些眷村美食、眷村古老照片、眷村古老的物品，另外再找些老榮民說說他們離鄉背井來到臺灣的故事。嚴格說來，眷村文化就某個角度而言其實是整個中國大陸文化的縮影。因爲這些眷戶分別來自大將南北不同的省份或地區，卻因爲戰亂因緣際會的聚集在一起，雖有各自不同，卻能融合於一堂；雖各自承襲了不同的背景，卻能彼此創造出新的傳統。所以眷村文化不應該單單只是美食、老照片、老物品、老榮民和到臺灣的故事，正如同臺灣原住民的文化不單單只是唱歌跳舞而已。想要將一個文化園區保留下來，就必須要讓大家知道它的意義與價值，也就是要找出能讓人眞正感動的地方，如此這些文化園區才能永續、再生。

〔註29〕陳國銘，〈韓國軍艦博物館巡禮——兩種不同的經營方式〉，《全球防衛雜誌》256 期，2011 年 10 月，頁 110。

圖六十一：2010 桃園眷村文化節「相遇眷村　愛跨族群」記者會

資料來源：www.cna.com.tw/postwrite/cvpread.aspx?ID=69558，查詢日期：2011.4.30。

　　或許可以利用這些房舍陳列、展示值得保存的眷村文物，甚至可以與目前國防部正在推展的「全民國防」相結合。然而更重要的要能夠推陳出新，持續的舉辦各種活動，兼顧「陽春白雪」和「下里巴人」，讓上游的學術研究結果成為下游的消費產品，延續眷村文化園區的新鮮感與社會教育功能，以各種詮釋手法讓各階層的民眾均能體會到在臺灣過去，曾經有那麼一段來自遠方的文化與歷史。如果我們對眷村文化的詮釋不能跳出目前既有的框架，不能加深我們詮釋、紀錄、保存眷村文化的深度與廣度，只是一窩風、趕熱潮的方式來經營「眷村文化園區」，那不出幾年，眾人對眷村文化熱情終究有冷卻的一天。這時即使設了再多的「眷村文化園區」，都無法改變。那些僅僅的硬體眷村房舍，就會像孤零零的「德陽軍艦」般在熱潮過後終歸於平靜、被人遺忘，一切「船過水無痕」，相信這並不適任何一個人所樂見的。

　　因此，眷村條例文化保存修正案只是眷村文化保存的一個起點，即使解決了最棘手的經費問題，眷村文化園區成立後的營運管理責任終究還是由地方政府來負責。也就是說，就「眷村文化保存」而言，其實未來還有一段相當遙遠的路要走。這需要國防部、文建會、地方政府民間的社區、文化工作者需要更進一步緊密的協調與溝通才能克盡全功，也才能讓眷村文化保存這項工作能更盡善盡美。

　　我們常常自豪，臺灣文化是一個多元的文化，「移民」是臺灣的歷史特質之一，從明清時期的漢人移民、日治時期的日本移民、民國 38 年（1949）政

府遷臺帶來的移民，乃至於現代東南亞各國外籍新娘的婚姻移民。如何讓這些不同的移民在臺灣這塊土地一同和平共榮的發展，卻又能保留並顯示出自己的文化特質，讓臺灣能呈現出一個多元卻又能互相尊重的風貌。眷村文化的保留，就是其中一個具體的作為，值得所有人共同努力。

第六章　屏東市眷村改建與高雄市左營區、桃園縣眷村改建之比較

就目前而言，臺灣各地推行眷村改建政策已有一段時間，也有許多縣市陸續舉辦各類有關「眷村文化」保存的活動，只是隨著各地環境的不同，執行的過程、效果及影響自然也有所差別。而在執行眷村改建的各縣市中，桃園縣是僅次於臺北的眷村大縣，舉辦「眷村文化」保存活動也有相當的經驗。而高雄市左營區日治時代由於興建了左營軍港，國民政府遷臺後繼續沿用並進駐海軍部隊而出現了海軍眷村，而日治時代屏東機場的設立，同樣使國民政府遷臺後繼續沿用並進駐空軍部隊而出現了空軍眷村，兩者的形成頗為類似。所謂他山之石得以攻錯，因此本文謹挑選這兩個地方，就其眷村改建及保存眷村文化的諸項活動與屏東市做一比較與探討。

第一節　高雄市左營區眷村的改建情形及其影響

如同屏東市眷村起源於屏東機場的開闢，高雄市左營地區眷村的起源同樣源起於日據時代末期左營軍港的開闢。昭和 12 年（1937），八一三淞滬會戰爆發，中華民國與日本之間的戰事逐漸擴大，日本投入中國大陸戰場的兵員、物資逐漸增多。加上華南戰場的開闢，使日本開始重視在臺灣軍事基地、要塞的修築，而左營軍港的修建便是其中一項相當重要的建設，於昭和 15 年（1940）開始動工修築。並於昭和 16 年（1941）將設於澎湖馬公的「馬公警備府」遷至左營，名為「高雄警備府」〔註1〕。

〔註 1〕 按日本於明治 19 年（1886）將全國劃分為五大海軍軍區，並再重要軍港設置「鎮守府」，為防衛海軍基地、作戰艦艇維修、海軍人員訓練的機構。「鎮守府」下級機構為「要港部」，後改名為「警備府」。

　　二次世界大戰結束後，國民政府接收臺灣。由於日據時期左營地區爲日本海軍的重要軍港，因此進駐的國軍部隊以海軍爲大宗。民國 38 年（1949）國民政府與共產黨的內戰失敗，國民政府播遷來臺，大批的海軍部隊陸續進駐左營，爲了解決軍隊眷屬的居住問題，國民政府陸陸續續在左營地區成立了 23 個眷村。

　　後來，這些眷村逐漸老舊，加上爲了高雄市都市發展，左營地區的眷村也開始了改建工程。一般而言，國軍老舊眷村改建，在民國 60 年代的「國軍老舊眷村重建試辦期間作業要點」時期稱爲「舊制」，而民國 80 年代「國軍老舊眷村改建條例」時其稱爲「新制」。高雄市左營地區唯一在「舊制」時期改建的便是在民國 70 年（1981）由國防部與高雄市政府合作，興建於左營圓環旁的「碧海新城」，又稱爲「果貿國宅」。「碧海新城」的規模相當龐大，在左營地區算是相當有名的地標。整個計畫住宅有 2208 戶，店舖 268 戶，總戶數約有 2500 戶之多。整個改建基地共計有 13 棟地下一樓、地上 12 層至 18 層的大樓，行政區域分別屬於果貿、果惠和果峰三個里。興建之初主要是分配給原來「果貿新村」的眷戶，再其次爲其他有眷無舍的官兵，最後的剩餘戶則由高雄市政府配售給一般百姓。

表二十四：高雄市左營區眷村列表

名稱	地點	興建年代	興建單位	興建戶數	列管單位	改建後名稱或遷建後眷戶遷往何處
明德新村	軍校路	日治	日遺房舍	58	海總部	尚未改建
建業新村	軍校路	日治	日遺房舍	475	海總部	尚未改建
崇實實村	先鋒路	日治	日遺房舍	402	海總部	尚未改建
合群新村	軍校路	37	日遺房舍	494	海總部	尚未改建
勵志新村	鼓山三路	37	空總部	262	海總部	尚未改建
半屏山新村	茱公路	36	空總部	12	海總部	已拆除
自治新村	緯六路	38～48	海總部	777	海總部	翠華二期國宅
自立新村	實踐路	38	海總部	423	海總部	翠華二期國宅

名稱	地點	興建年代	興建單位	興建戶數	列管單位	改建後名稱或遷建後眷戶遷往何處
東自助新村	左營大路	39	海總部	544	海總部	尚未改建
西自助新村	左營大路	39	海總部	544	海總部	尚未改建
勝利新村	勝利路	39	婦聯會	221	海總部	翠峰國宅
創造新村	左營大路	41	空總部	107	海總部	翠華一期國宅
復興新村	左營大路	42	海總部	1212	海總部	自治新村
自勉新村	先鋒路	47	日遺房舍海總部	748	海總部	翠華二期國宅
四知十四村	龜山巷	49	財務署	15	聯勤司令部	已拆除
果貿三村	中華路	49～54	婦聯會	1753	海總部	碧海新城國宅
海光三村85	勝利路	54	婦聯會	290	海總部	翠峰國宅
海光二村	棻公路	54	婦聯會	485	海總部	翠華一期國宅
華夏新村	華夏路	61	海總部	98	海總部	未改建
屏山新村	翠華路	63	一軍區	184	海總部	未改建
慈暉三村	海軍總醫院	66	婦聯會	100	海總部	未改建
慈暉六村	明建里	70	婦聯會	145	海總部	未改建
慈暉九村	海功路	84	婦聯會	200	海總部	未改建部分遷至翠華一期國宅

資料來源：整理自郭冠霖，《國軍眷村發展史》附錄及黃文珊，《高雄左營眷村聚落的發展與變遷》國立高雄師範大學地理學系碩士論文，2007年，頁186。

圖六十二：高雄市左營區的「碧海新城」，又稱「果貿國宅」。以其特殊
的半圓形造型而成爲左營地區著名的地標。

資料來源：www.filmkh.com.tw/index.jsp，查詢日期：2011.3.30。

圖六十三：翠峰國宅的外觀

資料來源：http://happyrent.rakuya.com.tw/rent_item/pic/0f32df2550551a#photo%2F1，
查詢日期：2011.3.30。

圖六十四：完工不久，眷戶尚未遷入的自治新村

資料來源：http://blog.udn.com/doflower/4590713，查詢日期：2011.6.24。

　　等國軍老舊眷村改建進入新制後，左營地區繼續眷村改建計畫，分別有「翠峰國宅」、「翠華一期國宅」和「翠華二期國宅」以及剛於99年（2010）10月12日竣工的「自治新村」，四處眷村改建基地總共約有7000餘戶。

表二十五：左營地區之眷村改建基地

名　稱	碧海新城（果貿）	翠峰國宅	翠華一期國宅	翠華二期國宅	自治新村
位置	左營區中華一路1～2號	左營區翠峰路	左營區翠華路589號	左營區翠華路601巷75號	左營區軍校路6
眷改年代	舊制	新制	新制	新制	新制
興建年代	民國74年（1985）	民國83年（1994）	民國88年（1999）	民國89年（2000）	民國96年（2007）
樓高	共計13棟，為地上12樓、15樓、18樓與地下1樓	地上16樓與地下1樓的建築物	共有14棟建築物，為地上16樓，地下1樓之建築形式。	本社區分為甲、乙兩區，甲區共有9棟建築物，建築物形式為地上14樓，地下2樓形式，每棟建築物有2部電	建地總面積七萬七千六百七十三平方公尺，建物區分地下二層、地上十二層至十四層

名　　稱	碧海新城（果貿）	翠峰國宅	翠華一期國宅	翠華二期國宅	自治新村
				梯；乙區共有11棟建築物，爲地上14樓、地下2樓建築物	
住宅坪數	24坪至34坪	26坪至34坪	24坪至30坪	24坪至30坪	34、30、28、26及12等各種不同坪型
總戶數	2400餘戶	600餘戶	800餘戶	1000餘戶	住宅區含店舖共1928戶
主要居民組成	果貿三村	海光三村勝利新村四知十四村	創造新村慈暉九村海光二村	自治新村自勉新村自立新村	前金新村行仁新村三一新村明建新村復興新村合群新村崇實新村東自助新村西自助新村

資料來源：高雄住宅生活網，http://housing.kcg.gov.tw/LFA/LFA05/LFA05000000.jsp，
　　　　　軍聞社：http://www.ylly.com.tw/modules/news/print.php?storyid=282，查詢
　　　　　日期：2011.6.23

而這一系列眷村改建政策對左營地區的影響大致有下列幾點〔註2〕：

1、造成大規模的人口遷移及行政區域的重新劃分

　　除了民國74年（1985）興建的果貿國宅是原地拆除重建、民國99年（2007）完工的「自治新村」居民尚未遷入外，左營地區改建的眷村居民多數集中於翠峰國宅及翠華一、二期國宅。因此，大規模的人口移動勢所難免。據統計，翠峰國宅及翠華一、二期國宅所在之，在民國88年（2009）1月時人口僅1800餘人，而在民國99年（2010）12月人口已達6999人。而這些人口遷移同樣

〔註 2〕黃文珊，《高雄左營眷村聚落的發展與變遷》，國立高雄師範大學地理學系碩士論文，2007年，頁127～128。

導致了高雄市左營地區行政單位的增減。原本海光二村所在之海光里以及自立新村、自勉新村、自治新村所在之自立里、自勉里及自治里，還有勝利新村、海光三村所在之海勝里因為眷村遷建居民流失而裁撤，而原本位在果貿里的翠峰、翠華一、二期國宅因為大量人口遷入而自果貿里分出成立新的海勝里，使得高雄市左營地區的里數由 43 個調整成 40 個。

2、居住環境的巨變

在早期，一般的眷村往往是平房宿舍，平面的居住環境使得人們的活動範圍加上彼此間熟識的鄰居，讓眷村居民之間的往來互動非常密切。加上眷村相較於當時一般的臺灣民間社區有相當程度的不同，眷村是國防部認可，有進行造冊，有自治會管理，算是比較封閉的社區。而且眷村中的居民職業絕大部分為軍職，共同的職業背景使得居民間的交流相當頻繁，行動有其一致性，算是部分的集體生活。然而在陸續推動眷村改建後，多數的眷民們陸續遷入新的眷舍中。新的眷舍無論是較早的果貿國宅或是後期的翠峰、翠華一、二期國宅，均是高十餘層的大樓，整個眷村生活空間由以往的橫向平面發展轉為縱向的上下發展，加上居民已是軍民參雜，除了對土地環境產生疏離感外，眷村原有熱絡的鄰里關係有受到了很大的抑制。而有些眷戶選擇領取購屋補助款後自行購置民間的住宅，如此更是遠離了以往的眷村環境，徹底的融入臺灣的民間社會中。

3、眷村地景的改變

在昭和 15 年（1940）日本正式動工興建左營軍港時，曾經遷移了大批的居民，因此左營軍港附近多屬於軍方的土地，也因此在這些區域成立了許多眷村。在以往，因為當時建築科技，再加上左營軍港為臺灣相當重要的軍事基地，因此左營附近的眷村絕大多數都是低矮的平房。然而在眷村改建政策執行後，軍方釋出大批以往眷村的土地由民間標購興建住宅，無論民間建商興建的是透天別墅或是大樓，日後左營原本眷村區域的地景將由傳統大面積的平房轉變成高樓林立的都市叢林，整個區域景觀勢必有相當大的轉變。

第二節　桃園縣眷村的改建情形及其影響

桃園縣的眷村的設置，其實當年有著歷史和現實的背景因素。因為桃園鄰近臺灣的政治、經濟中心——臺北，當時政府播遷來臺，大量的部隊陸續

進駐臺北。然而當時臺北已有相當程度的開發，土地價格偏高又不容易取得，而相較於臺北，桃園縣土地價格比較便宜取得又較為容易，因此成為僅次於臺北的眷村大縣。

表二十六：桃園縣內各行政區域眷村數量統計表，其中中壢市龍岡地區是全臺灣眷村密度最高的地區。

行政區	眷村數	戶　數
蘆竹鄉	10	694
龜山鄉	9	2121
大園鄉	5	572
桃園市	6	238
中壢市	22	3811
八德市	4	804
平鎮市	8	1885
大溪鎮	13	1395
楊梅鎮	6	1224
龍潭鄉	2	316
觀音鄉	1	14
合計	86	11698

資料來源：陳學聖，《竹籬笆的記憶與保存——眷村文化之搶救與保留》，桃園：桃園縣政府文化局，2007 年，頁 23。

一般而言，桃園縣眷村改建的步調相當早。在民國 76 年（1987），空軍總部便自籌經費，以每戶補助 2 萬元的方式輔導桃園縣的眷村住戶自行進行改建。隨著眷村改建政策的推動，桃園縣政府為了加速推動都市更新，提高土地有效利用，並提升眷戶居住環境品質，增加國宅供應來解決一般民眾居住的需求，也陸續推動了眷村改建的工程。

表二十七：近年桃園縣眷村改建一覽表

改建社區名稱	計畫遷入眷村		計畫興建戶數	遷村總戶數
陸光五村	居廣一村　　篤行五村 居敬新村　　馬祖新村		574	574
建國十九村	建國十二村 建國十九村		259	178
自立新村 精忠六村	篤行六村　　陸光六村 中華新村　　建國新村 迅雷五村　　貿商八村 臺貿十村　　富臺新村 干城五村　　慈干十村 建國七村　　建國三村		2165	2163
貿易七村 忠貞新村 篤行四村	貿易七村　　忠貞新村 篤行四村　　慈光六村 慈光一村　　金門新城 慈仁四村　　忠愛新村 慈安四村		2108	2114
建國九村	建國九村　　建國十村 建國十七村		253	268
埔心營區	四維新村　　成功新村 三龍新村　　金門新村		902	902
建國十一村	建國八村　　建國十一村		281	281
陸光二村	陸光二村　　精忠五村 貿易一村　　克勤新村 建國一村　　凌雲一村 成功新村　　建國十五村 憲光二村　　建國十八村		1445	1446
凌雲一村	凌雲一村　　建國五村 建國二村　　建國二十村 慈恩一村		367	367
大南營區	忠勇新城　　福興新村 忠勤三村　　勤奮新村 慈祥二村		489	489

改建社區名稱	計畫遷入眷村		計畫興建戶數	遷村總戶數
僑愛新村	大武新村	僑愛新村	592	628
建國十六村	建國六村　建國四村 建國十六村		173	173
勝利新村	勝利新村		116	56
居易新村			78	78
貿易一村			109	40
合計				

資料來源：陳學聖，《竹籬笆的記憶與保存——眷村文化之搶救與保留》，桃園：桃園
縣政府文化局，2007 年，頁 93。

相較於其他縣市起步較早，改建時必然出現的眷村文化崩解現象自然出現得比較早，因此桃園縣自然較早注意到這個問題，也因此成爲臺灣最早舉辦「眷村文化節」的縣政府。自民國 90 年（2001）起，桃園縣便開始推出「眷村文化節」的活動，並於隔年成立了臺灣第一個虛擬眷村文化館——「戀戀我的臺灣村」，以現代的網路電腦科技將傳統的眷村文物及歷史保留下來。此後連續十年，桃園縣政府在每年的「眷村文化節」舉辦有關眷村文化的相關活動及研討會，讓桃園縣儼然成爲眷村文化的研究重鎮。

桃園縣政府和民間團體陸續舉辦「眷村文化節」的同時，臺灣各地的老舊眷村陸續拆除，這個議題漸漸引起了注意。民國 95 年（1996）在數位立法委員的提案下，行政院同意在地方政府規劃成立眷村文化園區後，由國防部配合行政院文化建設委員會及地方政府，提供聯絡窗口及協調各眷村自治會幹部協助辦理。在而幾經交涉後，國防部同意將馬祖新村交由桃園縣政府託管五年。桃園縣政府打算將該地成立眷村文化園區，並以「生活文化」、「環境」及「休閒觀光產業」，作爲規劃眷村文化園區的整體目標。具體做法如下：

一、委託專業設計團隊

負責整個文化園區的規劃及硬體設計，並由社區民眾組成監督小組共同監造。

二、建物修復工作的推動，以回歸歷史意義的延續

藉由對眷村建築物的修復，再一次的創造眷村居民的共同回憶。

三、眷村老照片、歷史圖像蒐集與紀錄片的製作：

藉以豐富眷村歷史的厚度與內涵，塑造民眾與眷村共同情感的凝聚點。

四、推動工作坊串連在地居民的投入參與：

由上述可知，桃園縣並不是讓這項工作由政府機構一肩扛起，而是建立各種管道及舉辦各項活動，讓縣民了解到這項工作的意義，並結合再地居民及文史工作者的力量共同投入眷村文化保存的工作。

曾經有人提出一種說法，美國是一個種族的大熔爐，各種民族、文化到了美國往往會彼此交流進而熔化成美式文化。而加拿大則是種族的馬賽克，不同種族、文化到了加拿大，同而不和，彼此尊重而各自散發出耀眼的色彩。桃園算是一個多元族群的地區，閩南、客家、原住民、「外省」，甚至近年來誕生的新住民，而且各族群大致有其一定的規模。面對這種情形，推動「眷村文化保存」的活動中或許可以提供一個機會讓桃園縣思考，究竟桃園要成為「美國式的桃園」，還是「加拿大式的桃園」？

第三節　屏東市、高雄市左營區及桃園縣眷村改建的討論

基本上，高雄市左營區眷村起源於日據時代左營軍港的建立，國民政府遷臺後為了安置進駐海軍官兵的眷屬而成立了海軍眷村。而屏東市眷村則是起源於日據時代屏東機場的興建，國民政府遷臺後同樣為了安置進駐空軍官兵的眷屬而成立了空軍眷村，且兩地的眷村數量相近，頗有異曲同工之妙。而桃園縣眷村多為陸軍及空軍所屬，且位置在臺灣北邊，鄰近臺灣最大的都會地帶，與屏東市又是截然不同的環境。三處分別進行的眷村改建及眷村文化的保存工作，其間的異同也有值得討論的地方。

一、「眷村文化保存」的執行方面

平心而論，隨著老舊眷村的拆除改建，傳統的眷村文化已經逐漸失去了以往存在的空間，如何將傳統的眷村文化保留下來成了共同的課題。在這方面的活動，桃園縣算是三個地方最早舉辦，並且有出版了許多相關書籍。此外，三個地方均成立了「眷村文化館」，試圖提供一個專屬的空間，充分的將傳統眷村文化保留下來。而桃園縣政府亦架設了「眷戀我的臺灣村」網站，

是一個虛擬的眷村博物館網站，將眷村文物資料數位化、網路化，並保留日後擴充的空間，成為一個閱覽眷村文化的資訊平臺〔註3〕，算是一個相當的突破。

表二十八：桃園縣、高雄市及屏東縣關於保留眷村文化之機構：

	桃園縣	高雄市	屏東縣
名稱	龜山眷村故事館	高雄市眷村文化館	將軍之屋
前身	陸光三村文康中心	高雄市海勝里活動中心	陸軍官校校長官邸
地點	桃園縣龜山鄉光峰路千禧新城二期前	高雄市左營區龜山巷157－2號	屏東縣屏東市青島街106號
內容	龜山地區眷村相關介紹 眷村老照片 眷村文物等	高雄市眷村介紹 眷村老照片 眷村文物 眷村相關主題特展 眷村相關書籍等	屏東市眷村介紹 眷村老照片 眷村文物 眷村相關主題特展等

這些活動都可以感受到主辦單位的用心，然而眷村文化館一方面空間有限，可能無法展覽太多的文物，而且展示主題多以老照片、早期眷村所使用的東西靜態展示為主，廣度和深度似乎都有相當成長的空間。

眾所皆知，中華民國自成立以來，內戰、外患不斷，即使號稱「黃金十年」民國16年至民國26年仍舊是烽火連天，而臺灣亦不惶多讓，從清末「中法戰爭」、「乙未戰爭」、二戰末期美軍對臺灣的轟炸到後來的國共海峽熱戰甚至是民國85年（1996）臺海飛彈危機，臺灣時常籠罩在戰爭的陰影下甚至還身受其害，照理而言「軍事」這個議題應該受到相當的重視甚至談論，但是很奇怪的，現況並非如此，臺灣除了臺北市「國軍歷史文物館」及高雄岡山空軍博物館外，居然沒有任何固定對外開放的軍事博物館，而且這兩處博物館面積均算是小型，展覽的空間相當有限。其實臺灣一般民眾對「軍事」這個課題並非完全不感興趣，從日益增多的軍事刊物和全民國防知性之旅營區開放時人山人海的參觀民眾都可以看得出來。

其實眷村與軍方有著相當的淵源，甚至可以說是因此而生，因此關於這一區塊，眷村其實有很好發揮的空間。一般而言，軍事的保存大致有兩個區

〔註3〕陳學聖，前引《竹籬笆的記憶與保存——眷村文化之搶救與保留》，頁82。

塊，一個是實體的保存，如已往使用的武器、裝備的展示，這方面常常是專業博物館展示的賣點所在。再者是軟體，如各別部隊的歷史淵源、成立背景等紀錄的保存。這方面臺灣倒是有開始著手進行，較著名的如新竹市的黑蝙蝠中隊文物陳列館。特別國軍自民國 86 年（1997）陸續推動國軍「精實案」、民國「精進案」〔註4〕，許多部隊均遭到裁撤，這些部隊的紀錄因而散失，如果未來成立的眷村文化園區能夠利用其較為廣大的空間將這些遭到裁撤或是歷史上有其特殊意義的部隊資料、紀錄予以保存下來，一方面這些歷史不會流失在時間的洪流之中，二來眷村文化園區的展示也能因此更為多元，相信是一個可以試試的方法。

圖六十五：網路上關於屏東市「將軍之屋」舉辦「勛章的意涵——空軍隊徽的故事」特展之訊息。

資料來源：http://citytalk.tw/event/index.php?e_id=136735&et_id=79148#qrytime，查詢
　　　　日期：2011.3.30。

〔註 4〕這兩案是國軍近年來推動的重大軍事改革，原則就是降低國軍人數，用先進的武器以火力取代人力，來建立「精（人員素質及武器裝備精良）、小（兵力少）、強（整體戰力強）」之現代化國軍，預計將國軍原額降至 27 萬 5 千餘人。

　　目前，桃園縣與高雄市的眷村文化館似乎尚未出現類似的主題，而屏東市或許開始有了這方面的構想，屏東市負責展示眷村文化的「將軍之屋」便在民國 100 年（2011）舉辦「勛章的意涵——空軍隊徽的故事」，將國軍空軍各個飛行部隊的隊徽集中展示，並介紹其歷史淵源、成立背景，相信是個不錯的嘗試。不光是空軍，其實國軍許多部隊也都有相當精采的故事，如果日後能有陸續類似的相關活動、展示出現，或許可以讓「眷村文化」展示更為多元，進而引起更多人對這話題的注意與關心。

　　而在眷村文化園區申請方面，三處亦不約而同向國防部提出了申請。桃園縣政府已將「馬祖新村」、「陸光二村」及「陸光三村」的文康中心登錄為歷史建築，而屏東縣政府除了於民國 96 年（2007）5 月 8 日，公告將屏東市勝利新村 50 棟和崇仁新村成功區 21 棟一共 71 棟日式眷舍登錄為屏東縣歷史建築文化資產，民國 99 年（2010）初步完成眷村文化園區規劃構想向國防部申請，將該區共計約 6 公頃的面積成立「眷村文化園區」。而較為不同的是屏東縣政府並於民國 99 年（2010）將此塊區域正式對外招商委外經營，目前招商結果仍不得而知。

表二十九：桃園縣、高雄市及屏東縣政府提送「國軍老舊眷村文化保存計畫」評選作業彙整表

上稿日期：2010／04／22

項次	單位	眷村名稱	現　況	列管軍種
1	桃園縣政府	桃園縣「馬祖新村」	地方政府委託代管	陸軍
2	高雄市政府	高雄市左營區「明德新村」	住戶尚未完成搬遷作業，未來將遷移至「自治新村改建基地」預於 99 年（2010）12 月底完成。	海軍
3	屏東縣政府	屏東縣「勝利新村」、「崇仁新村（成功區）」	住戶尚未完成搬遷作業，遷建「崇仁改建基地」預於 102 年（2013）底完成。	陸軍

資料來源：gpwd.mnd.gov.tw/onweb.jsp?webno=3333333015&webitem_no=3200，查詢日期：2011.3.16。

二、都市發展方面

　　眷村改建政策時常相當改變了眷村所在區域的景觀，一般而言，早期眷村都是平房，頂多是一、兩層樓的建築，但是近來臺灣經濟發展，都市寸土寸金，眷村改建基地都是十餘層樓的大樓。這些建築在高樓大廈林立的桃園反而融入週遭的環境，不致出現以往高樓大廈中出現一片多為平房眷村的景象。而高雄市左營方面，由於高雄市早已是南部的大都會地區，高樓大廈並不會顯得太突兀。不過因為眷村改建釋出的土地往往也吸引了建商的進駐，帶動了建築業的發展，無論興建的房舍是別墅或是大樓，相信與以往眷村建築必定是截然不同，左營當地的景觀勢必有相當大的改變。而在屏東市對屏東市景觀的改變可能更大，在早期，由於屏東機場就在屏東市區附近，為了軍機起降安全問題，屏東市的建築高度一直受到限制，加上屏東市人口相較於都會區為數不多，土地價格亦不如都會地區，因此市區內一直沒有高樓建築，高十餘層的眷村改建基地「崇大新城」便成了屏東市相當明顯的建築。此外，由於其人口長期都維持在 21 萬左右，未見明顯的變動，因此就眷村改建釋出的土地而言，除了崇大新城附近的土地已由民間興建住宅出售之外，其餘諸如「礦協新村」、「大同新村」及「崇禮五村」等眷村遷建後土地仍閒置，未見有進一步的開發，而民國 102 年（2013）「大鵬七村」、「凌雲三村」兩個眷村遷建後的土地是否有所規劃目前亦不得而知。

　　此外，眷村改建所帶來的大量人口流動，在眷村改建基地由於大量居民的遷入，有時可能像左營地區因而調整行政區域的重劃。而屏東市的眷村改建，因為各個眷村規模並非很大，而且散佈在屏東市各個角落，因此似乎未曾有因為眷村改建而調整行政區域的現象。比較值得注意的是「大鵬七村」、「凌雲三村」兩個眷村，其居民分別是鵬程里和凌雲里的主要組成份子，因此兩個眷村改建後是否會帶動兩個里的調整倒是值得觀察。

　　而眷村改建基地帶動周圍地區的發展，桃園縣、高雄市左營區兩者應皆有之，而屏東市也是相當明顯。以屏東市的最大的眷村改建基地「崇大新城」為例，「崇大新城」所在地之前是屏東市眷村「大武新村」、「崇武新村」的所在，周圍並沒有大規模的商業活動。但是「崇大新城」興建後，屏東市相當部分的老舊眷村居民幾乎都集中於此，國防部亦將兩個眷村的部份土地出售與民間建商興建別墅後出售，「崇大新城」的居民與附近新完

工社區的居民，就屏東市 21 萬的總人口而言算是佔了相當的比率，形成了在屏東而言算是相當規模的消費群。吸引了許多商店、文教事業甚至是醫療診所的進駐，讓「崇大新城」周圍的商業較以往發達許多，整個地區的發展也因而帶動起來。

因此就長遠的規劃而言，其實眷村改建政策是可以與都市發展互相配合，藉由改建眷村基地的帶動，使得都市的區域發展更均衡。然而這又牽扯到各相關部會的聯繫與協調，現實中能否實行恐怕又是未定之數。

三、對房屋市場的影響

眷村改建，有時也會影響到當地的房屋市場。相對的，當地的房屋市場環境，有時也會影響到眷村改建政策的執行。

一般而言，在大都會地區，由於都市寸土寸金，建築用地難以取得，興建的住宅數目因而受到限制，偏偏大都會地區人口眾多，供不應求的情形下很容易使房價過高。即便取得也常常因為土地成本高昂導致房價過高，超出一般民眾負擔，這兩種狀況使得大都會地區較常出現讓民眾居住問題無法解決而形成社會問題。然而在非都會地區，土地成本較爲低廉，使得房屋成本較大都會地區爲低，加上人口數不及大都會，對住屋的需求量往往不會太迫切，甚至有時會出現供過於求的問題，因此也就比較不容易形成房價過高超出民眾負擔的問題。

而桃園縣及高雄左營地區，雖然不是臺北般的大都會地區，但人口也算不少，因此釋放老舊眷村用地成爲建築用地，藉以廣建國民住宅，除了可以籌措眷村改建經費外，也成了解決一般民眾居住需求的重要方法。雖然房屋偶有供過於求的情況出現，但是至少一定程度的解決了眷村民眾居住的問題。而且有些老舊眷村眷戶如果沒有選擇眷舍而是選擇領取購屋補助款，對房地產而言更是一項利多的商機。

然而在屏東市，狀況似乎又和桃園、高雄左營有所不同。近年來由於屏東市人口數量不多，房價亦相對的便宜，加上空屋率過高，使得屏東市不僅不需要釋放眷村用地興建住宅來解決居民住的需求，甚至還會因爲眷村改建政策所興建的住宅衝擊到房地產市場造成供過於求的現象，眷村改建基地「崇仁新村」的戶數不斷向下調整，由原先的 1276 戶下修爲最後的 307 戶便是反應出這種現象。而這種房屋供過於求的現象也是屏東縣政府之前對「崇仁新

村」的改建基地遲遲不發與建照的原因之一，如此自然也影響到了屏東市眷村改建的進度。此外這種狀況也引發一些文史工作者對屏東市眷村改建政策的質疑——既然對眷村所在的土地不那麼迫切需要，那何必急著去拆除那些眷村呢？

第七章 結 論

屏東六塊厝地區，位在現今屏東市高屏溪畔，早期因爲高屏溪河水流幅變化相當劇烈而且又缺乏航行之利，當時科技未若今日發達，使得六塊厝地區未能發展成相當規模的聚落，反而始終是一片草埔地，早期並未有過大規模的開發。

清光緒二十年（1894），中日甲午戰爭後日本取得臺灣的主權，在穩定了臺灣平地的統治後，日本逐漸將眼光轉移至山區的資源，然而面對山區原住民的反抗，日本決定將當時算是先進科技的航空事業引進臺灣。爲此，日本選定了屏東六塊厝地區修築了臺灣第一座飛行場並正式進駐飛行單位，開啓了臺灣的航空時代，讓六塊厝地區登上了臺灣航空事業的舞臺。隨著時間的流逝，日本在臺灣的統治日趨穩固，也平定了臺灣山區原住民的反抗，使臺灣山地的開發達到了一定的程度，對此航空事業有其一定的貢獻。但是因爲八年抗戰中日本對中國大陸華南地區的用兵與美國的關係的日漸緊張，駐紮在屏東的飛行部隊編制因此不斷擴大，爲了解決進駐部隊人員居住的需求在屏東市區興建了「崇蘭陸軍官舍群」，這批房舍日後爲國民政府接收沿用並成立了屏東市數個眷村。除了房舍之外，爲了配合最新的都市計劃，亦興建了官舍的相關設施、道路與下水道。如此加速市街西北方位之住宅區開發，間接帶動屏東市的都市發展。

而在清朝方面，隨後取清朝而代之的中華民國成立後並未出現強大且能有效統治領土之中央政府，反而因爲內部軍閥割據及外國勢力介入而內戰不斷，國民政府爲了安置軍人眷屬以穩定軍心，便逐漸興建讓軍隊眷屬集中居住的房舍，也就是「眷村」的雛型開始出現。等八年抗戰的爆發後，因爲動

員大量壯丁入伍，中華民國政府也實施一些安置軍人眷屬的措施，興建房舍供其居住也是其中之一。

日本戰敗、第二次世界大戰結束後，中華民國根據「開羅宣言」收回臺灣。然而二戰的結束並沒有讓中華民國帶來了和平年代，反而因爲國民政府與共產黨的內戰再度陷入烽火之中。隨著遼瀋、平津、徐蚌三大會戰的失利，國民政府逐漸失去了中國大陸的統治權播遷來臺，爲了安置撤退來臺的軍民，國民政府爲其興建集中之住所，自此「眷村」這個名詞正式登上了臺灣歷史的舞臺。而因爲日據時代屏東爲日本航空重鎮，有著許多現成的航空基地及軍事設施，因此國民政府進駐屏東市的部隊以空軍居多。基於解決陸續進駐的空軍部隊及其眷屬的居住需求，屏東市前後興建了約 20 個眷村及 3 個職務官舍。

等到了民國 50 年代，成立於民國 39 年（1950）、有著相當濃厚官方色彩的「中華婦女反共抗俄聯合會」開始爲軍人眷屬興建住宅的活動。「中華婦女反共抗俄聯合會」日後改名並簡稱爲「婦聯會」，在這階段興建了 38120 戶眷舍及 13718 戶職務官舍，對解決軍眷的居住問題是有其一定的貢獻，然而其經費雖然有些是向各界勸募而來，但無可否認也有相當大的比例來自民間的稅捐，雖說此項政策在當時有其一定的時空背景，然而其公平正義性卻始終有其相當值得討論的空間。

早期屏東空軍基地部分的官兵與眷屬居住於屏東機場內的眷村，而後屏東機場展開了擴建工程，便將居住於機場內的官兵及眷屬遷出。而「大鵬七村」和「凌雲三村」，便是此時期由婦聯會所興建、提供部分遷出之屏東機場官兵及眷屬所居住的眷村。兩個眷村與屏東機場同樣地處屏東市西側高屏溪畔的六塊厝地區，「大鵬七村」位居西側，完成於民國 52 年（1963），居民以地勤人員爲主。而「凌雲三村」則在「大鵬七村」東側，完成於民國 53 年（1964），居民以空勤人員居多。兩個眷村早期居民人數約 5000 餘人，算是相當具有規模的眷村。兩個眷村相較於屏東市位置上較爲偏遠，唯其人口規模足以撐起一般的經濟活動，因此長期以來相當程度的自給自足，相較於屏東市其他眷村算是相當獨立的聚落。

爲了兩個眷村學童就學問題，「大鵬七村」設有「屏東縣屏東市凌雲國小」，長期以來爲兩個眷村教育的中心。雖然其規模不是很大，但是在早期仍以柔道運動在臺灣佔有一席之地，近來在直笛、飛盤等比賽亦有佳績出現。

為了因應兩個眷村的改建與遷村，凌雲國小開始朝著創意科學及生態探索轉型，希望以其特色能繼續為自己留下一片天空。

而眷村外的「六塊厝教會」對兩個眷村有著一定程度的貢獻。民國 38 年（1949）國民政府遷臺後，原本在中國大陸發展之基督教中華循理會亦隨之來臺，並選定以臺灣原住民及隨國民政府來臺之軍隊、眷屬為傳教重點對象。「六塊厝教會」即屬於該系統，於民國 56 年（1967）建堂後開始佈道生涯。雖然兩個眷村居民直接加入教會成為教友的比率不高，但是教會對兩個眷村的社會福利工作有著相當多的著墨，此點對今日逐漸居於經濟弱勢的兩個眷村更是別具意義。除此之外，「六塊厝教會」對兩個眷村的教育工作亦著力頗深，除了對凌雲國小的教學支援工作，如生命教育、品德教育等頗受好評外，「六塊厝教會」更與教育部合作推動「夜光天使」活動，以教育部的經費，配合六塊厝教會提供的場地及支援的義工，每天為眷村內的小朋友在下課後提供課輔服務及晚餐照顧，由於成效卓著，九十八學年度還榮獲屏東縣政府評定為特優。

而後時光荏苒，當初只是權宜之計的眷村數十年來歷盡滄桑而日益凋零，逐漸老舊的房舍使得修繕已不符經濟，加上近年來經濟發展都市面積逐步擴張，許多眷村用地影響了都市土地利用。為此民國 67 年（1978）國防部訂定「國軍老舊眷村重建試辦期間作業要點」並奉行政院核定後實施，此波眷村改建屬於行政命令層級，因此規模較小而且較不具強迫性。民國 85 年（1996），立法院通過「國軍老舊眷村改建條例」，一舉將國軍老舊眷村改建提升法律層級，而且較具強制性，規模也較舊制為大，而屏東市也因此開始了眷村改建的工程。

一般而言，眷村內的居民有數種選擇：「原階購置原坪型」、「自費增坪上一階坪型」，即選擇軍方按階級配給的房舍，唯自己需要負擔 20% 的房舍造價或補貼差額購買較大坪數的房舍。「領取完工後輔助購宅款」、「領取發包後輔助購宅款」，此即領取房舍完工前預估造價或房舍完工後實際造價 80% 金額。「購置民間成屋」，意為選擇軍方按階級發給供眷戶購制民間成屋的補助金額，將級軍官為新臺幣 321 萬 3267 元整，校官級為新臺幣 286 萬 8495 元整，尉、士官級則為新臺幣 269 萬 7078 元整。

在歷次的改建中，除了領取購屋補助款購置民間成屋的眷戶外，屏東市眷戶的改建基地主要集中於三處，分別是「崇仁國宅」、「崇大新城」及尚未完工之「崇仁新村」。

「崇仁國宅」，位於屏東市自由路上，民國 89 年（2000）5 月 17 日完工、原本屬於國民住宅，後來因為尚有餘戶，因此提供作為眷村改建基地，遷入的眷戶有原本憲光十村、貿五西村、以及貿易東村等眷村之眷戶。

規模宏大的「崇大新城」，於民國 89 年（2000）9 月 7 日完工，基地內共興建 24 棟地下一層，地面 13～14 層的高樓，堪稱是屏東市最大的住宅社區，也是屏東最大規模的眷村改建基地，由榮民工程股份有限公司興建，歷時 4 年完工。屏東市老舊眷村的眷戶相當部份均是遷建於此。值得一提的是由於國軍眷村改建條例規定改建之眷舍在 5 年後即可出租或出售，因此目前這兩處改建基地居民已經不完全是由軍方眷屬所組成。

然而，因為屏東市空屋率居高不下，使得屏東縣政府遲遲未對第三處眷村改建基地發下建照，因此延宕了第三波的眷村改建，直到民國 99 年（2010）7 月，第三處改建基地「崇仁新村」終於發包動工，然而由於屏東市相較於其他都會區房價便宜許多，因此選擇領取購屋補助金的眷戶逐漸增加，「崇仁新村」的規模不斷縮小，從 1276 戶重新認證修正為 307 戶，整個工程預計在民國 102 年（2013）完工。

而「大鵬七村」和「凌雲三村」便將在這波眷村改建工程名單之中，由於領取購屋補助金的眷戶必須在 99 年（2010 年）8 月 20 日至 99 年（2010 年）11 月 20 日之間搬遷，使得兩個眷村目前出現許多空屋，整個眷村暮氣沉沉，毫無生氣形成了治安、衛生等問題臨近派出的遷移加上眷村內現有居民以老弱婦孺佔大多數更使得這個問題雪上加霜。在民國 102 年（2013）「崇仁新村」完工後兩個眷村的剩下居民將遷往居住，「大鵬七村」和「凌雲三村」就此步入了歷史。

在這三波眷村改建計畫完成後，屏東市已存在了 70 餘年的老舊眷村絕大多數已改建完畢。所有的傳統眷村均將拆除，僅留下勝利新村 50 棟和崇仁新村成功區 21 棟一共 71 棟日式眷舍，而且令人有些悵然的是留下來的均是日治時期的建築，而非國民政府時期所興建的眷舍。至此，屏東市已無所謂的傳統眷村，甚至純由軍方人員及其眷屬所組成的社區也不再出現，失去了存在空間的傳統眷村文化將真正的走入歷史，並逐步的融入臺灣的社會中。

美國歷史學者易勞逸（Eastman E. Lloyd），曾經對國民政府軍隊有一段如此的評論：

為國民黨軍隊說一句公道話，它與一個在組織、訓練、裝備上佔絕
對優勢的敵軍的戰爭中，堅持了整整八年，與法國相比——法國對
德國的抵抗僅僅六星期便崩潰了；和英國相比——英國則從美國獲
得了大量的物資支援。所以，國民黨軍隊的抵抗，乃是一個決心和
自立的奇蹟。……

如果歷史在 1945 年後對國民黨人更仁慈些，如果沒有內戰，如果戰
後國民黨能成功地在大陸創建一個穩定的國家，現在的歷史學家將
會把國民黨人對日本侵略的抵抗做為一篇大無畏的英雄史詩來敘
述。然而，由於戰後的垮臺，國民黨軍隊在戰爭中的積極貢獻，便
無可避免的被它的失敗而掩去了光彩……〔註1〕

　　民國 38 年（1949），就是這麼一批「被它的失敗而掩去了光彩」的軍隊，
和數倍於此的眷屬、百姓，被迫離鄉背井、顛沛流離來到了這塊對他們而言
是相當陌生的島嶼，並且創造了現在臺灣所謂的「眷村」乃至於「眷村文化」。

　　如何去看待這段「傳統眷村」這段歷史？歷史，不單純只是過去的記錄
而已，它可以證明文明到現在依舊存在。同時，歷史也是一面鏡子，讓人們
能夠鑑往知來〔註2〕，有時甚至讓我們感慨：「人類唯一能從歷史上得到的教
訓，就是人類永遠不能從歷史上得到教訓」。生物必須藉著留下遺傳因子才能
在漫長的歲月中留下存在過的記錄，人類卻能留下歷史，擁有歷史讓人類的
存在變得與其他生物有所不同。也讓臺灣的民眾，在曾經伴隨著許多人在此
成長的眷村融入臺灣的同時，依然能夠保留住對這塊土地最原始的眷戀與感
動。

　　因此，屏東市在民國 96 年（2007）5 月 8 日公告，將勝利新村 50 棟和崇
仁新村成功區 21 棟一共 71 棟日式眷舍登錄為屏東縣歷史建築文化資產，並
且陸續進行眷村周邊環境景觀整體規劃，算是對眷村文化保存踏出了第一
步。此外並就這區域向國防部正式提出「眷村文化園區」的設立申請，也正
式對外招商，準備將勝利、崇仁眷村歷史建築群委外經營，希望能兼顧「文
化保存」和「經濟現實」，讓這區域成為屏東一個有名的觀光景點。

〔註 1〕關中，《中國命運　關鍵十年——美國與國共談判真相 1937～1947》，臺北：
　　　　天下遠見出版股份有限公司，2010 年，頁 31。
〔註 2〕2011.2.10 呼光冀先生訪談記錄。

未來研究重點

不管日後屏東縣是否能通過國防部的申請設立「眷村文化園區」，勝利新村和崇仁新村成功區應該是未來屏東地區民眾能夠接觸「眷村」這段歷史乃至於文化的唯一窗口，而屏東縣政府也將這個地區委外經營，希望藉由民間的經營手法這塊區域成爲「眷村文化保存區」的景點，配合上屏東縣觀光業而成爲另一個景點。

一般而言，政府機關營運的手法，可能會受限於法條規定或是較保守的心態，使得經營模式較爲呆版甚至常常淪於按表操課。而民間業者經營手法往往比較靈活而多元，或許屏東縣政府是基於此項考量而將這塊眷村保留區委外經營。但是無可忌言，在商言商，民間業者在投標的時候，首先考量的便是獲利的空間，其經營模式可能以經濟利益爲相當程度的依歸。然而就政府及社會觀感而言，這塊眷村保留區不僅不是完全的商業活動區域，反而還負有一定的社會文化教育功能，過度考量經濟利益將會使整個區域的經營過度世俗化而沖淡了「眷村文化」的色彩，這並不是眾人所樂見的。這兩個不同的觀點如何取得協調只怕需要相當的智慧，否則之前屏東市中山公園委外經營失敗的經驗便是一個例子。

在得標廠商正式營運之後，如何運用這個「窗口」，克服經費、人員等限制，跳脫目前展示「眷村文化」的既定框架，以完整的規劃將它的功能發揮到最大，使其真正將「眷村」的歷史和文化徹底而且完整的保留並展示出來。最重要的是能在「文化保存」的理想與承包廠商的「經濟現實」間取的平衡，使這個理想得以實現並持續下去，相信是日後值得繼續追蹤的研究課題。

參考資料

一、引用書目

1. 臺灣省文獻委員會，1970 年，《臺灣省通志卷九革命志驅荷篇》，臺北：臺灣省文獻委員會。

2. 社團法人屏東縣社區大學文教發展協會，《第五屆屏東研究研討會　大家來寫屏東》，屏東：屏東縣社區大學文教發展協會。

3. 滕昕雲，2003 年，《抗戰時期陸軍武器裝備──步兵炮／防空砲兵篇》，臺北：老戰友工作室。

4. 阜應、王鑽忠，2007 年，《改變歷史的戰爭》，臺北：知兵堂出版社。

5. 臺灣總督府警務局，1921 年，《理蕃誌稿》第三卷，臺北：臺灣總督府警務局。

6. 郭廷以，1989 年，《近代中國史綱》，香港：中文大學出版社。

7. 臺灣總督府，1936 年，《臺灣震災誌》，臺北：臺灣總督府。

8. 劉鳳翰，1997 年，《日軍在臺灣》，臺北：國史館。

9. 劉怡，2009 年，《聯合艦隊──舊日本帝國海軍發展史》，臺北：知兵堂出版社。

10. 古福祥，2000 年，《屏東縣志 卷四 政事志》，屏東：屏東縣文獻委員會。

11. 孔昭明，1987 年，《從征實錄　靖海紀事（合訂本）》，臺北：大通書局。

12. 黃宇元，1979 年，《鄭成功全傳》，臺北：臺灣史蹟研究中心。

13. F.F.Liu 著，梅寅生譯，1979 年，《中國現代軍事史》，臺北：東大圖書公司。

14. 中國國民黨中央委員會婦女工作會，1956 年，《指導長　蔣夫人對婦女訓詞輯要》臺北：中國國民黨中央委員會婦女工作會。

15. 焦維城，1995 年，《婦聯四十五年》，臺北：中華民國婦女聯合會。

16. 嚴倬雲、汲宇荷、楊夢茹策劃彙編，2000 年，《婦聯五十年》，臺北：中華民國婦女聯合會。

17. 蔣宋美齡等著，1986 年，《婦聯三十五年》，臺北：中華婦女反共聯合會。

18. 行政院文化建設委員會，《全國未改建眷村普查計畫　屏東縣》，臺北：行政院文化建設委員會。

19. 李文榮，2003 年，《蓬萊禧年　胸懷世界　基督教中華循理會臺灣年議會五十週年紀念特刊》，高雄：基督教中華循理會臺灣年議會。

20. 胡興華，2003 年，《臺灣的漁業》，臺北：遠足文化事業有限公司。

21. 陳溪松，2007 年，《眷戀──【空軍眷村】》，臺北：國防部長辦公室。

22. 郭冠麟，2005 年，《從竹籬笆到高樓大廈的故事：國軍眷村發展史》，臺北：國防部長史政編譯室。

23. 六塊厝教會，2007 年，《雲上之愛　基督教中華循理會六塊厝教會四十年特刊》，屏東：六塊厝教會。

24. 凌雲國小，2004 年，《壯志凌雲　鵬程萬里　屏東縣屏東市凌雲國小校誌》，屏東：屏東縣凌雲國小。

25. 鍾堅，1996 年，《臺灣航空決戰》，臺北：麥田出版社。

26. 李元平，1993 年，《俞大維傳》，臺中：臺灣日報社。

27. 湯恩伯逝世十周年紀念籌備委員會，1964 年，《湯恩伯先生紀念文集》，臺北：湯恩伯逝世十周年紀念籌備委員會。

28. 鍾喜亭等，1992 年，《認識屏東縣》，屏東：國立屏東師範學院。

29. 沈建德，1998 年，《臺灣常識》，屏東：東益出版社。

30. 關中，2010 年，《中國命運　關鍵十年──美國與國共談判真相 1937～1947》臺北：天下遠見出版股份有限公司。

31. 閻京生，2007 年，《菊花與錨　舊日本帝國海軍發展史》，臺北：知兵堂出版社。

32. 簡炯仁，2006 年，《屏東先人的開發》，屏東：屏東縣文化局。

33. 陳學聖，2009 年，《探桃園縣眷村文化與空間肌理》，桃園：桃園縣政府文化局。

34. 楊長鎮、莊豐嘉，2006 年，《認識臺灣眷村》，臺北：民主進步黨。

35. 何思瞇，2001 年，《臺北縣眷村調查研究》，臺北：臺北縣文化局。

36. 陳溪松，2007 年，《眷戀──空軍眷村》，臺北：國防部部辦室。

37. 胡興華，2003 年，《臺灣的漁業》，臺北：遠足文化事業有限公司。

38. 臧持新，2008 年，《中華民國海軍陽字級軍艦誌》，臺北：老戰友工作室。

39. 謝建東，2006 年，《我們這一班──屏東空軍子弟小學第十屆仁班同學畢業五十週年紀念專輯》，臺北：時兆雜誌社。

40. 林桶法，2010 年，《1949 大撤退》，臺北：聯經出版事業股份有限公司。

41. 潘美純，《竹籬笆今昔》，臺南：臺南市北區北園社區發展協會。

42. 李存治，2006 年，《眷戀忠貞憶空工》，新竹：新竹市文化局。

43. 李文榮，2003 年，《蓬萊禧年 胸懷世界 基督教中華循理會臺灣年議會五十週年紀念特刊》，高雄：基督教中華循理會臺灣年議會。

44. 楊昇展，2009 年，《南瀛眷村誌》，臺南：臺南縣政府。

45. 林樹、潘國正、劉益誠、曾嘉玲、何致遠、邱碧芳、李志武，2007 年，《新竹市眷村田野調查報告書》，新竹市：新竹市文化中心。

46. 鄧榮坤、邱傑，2006 年，《竹籬笆的記憶與保存》，桃園：桃園縣政府文化局。

二、引用論文

1. 曾令毅（2008）〈日治時期臺灣航空發展之研究（1906～1945）〉，淡江大學歷史系碩士論文。

2. 吳沛晃（2000）〈中日關於山東問題之交涉（1921～1922）〉。

3. 徐意惇（2010）〈永康市精忠二村聚落與眷村文化之發展〉，臺南大學臺灣文化研究所碩士論文。

4. 黃文珊（2007）〈高雄左營眷村聚落的發展與變遷〉，國立高雄師範大學地理學系碩士論文。

5. 李俊賢（2005）〈空城計‧憶：從眷村影像浮碼看一個世代的結束〉，世新大學圖文傳播暨數位出版學系碩士論文。

6. 洪國智（2003）〈中華婦女反共抗俄聯合會在臺慰勞工作之研究（1950～1958）〉，國立中央大學歷史研究所碩士論文。

7. 洪醒漢（1999）〈軍事重地「左營地區政治軍事空間的形塑及詮釋」〉，臺灣大學地理研究所碩士論文。

8. 黃麗娟（2010）〈眷村居民對眷村改建政策反映與衝突之研究──以屏東縣東港鎮共和新村爲例〉，國立屏東科技大學熱帶農業暨國際合作系碩士學位論文。

三、參考網站

1. 經濟部水利署全球資訊網網站，網址：http://www.wra.gov.tw/ct.asp?xItem=20085&CtNode=4366。

2. 臺灣新舊地圖比對——臺灣堡圖（1898～1904），網址：gissrv5.sinica.edu.tw/GoogleApp/JM20K1904_1.htm。

3. 北機里（崇德新村）部落格，網址：http://diary.blog.yam.com/teng111800。

4. 婦聯會網站，網址：http://www.nwl.org.tw/his5_1.htm。

5. Google 地圖，網址：maps.google.com.tw。

6. 國境之南文化觀光網，網址：tour.cultural.pthg.gov.tw/CulturalTopicList.aspx?。

7. 凌雲國小校友會網站，網址：http://163.24.102.15/dyna/menu/index.php?account=91529。

8. 聯合新聞網，網址：http://mag.udn.com/mag/campus/storypage.jsp?f ART ID=200787。

9. 全國法規資料庫，網址：law.moj.gov.tw。

10. 中華民國監察院全球資訊網網址：http://www.cy.gov.tw/mp1.htm。

11. 榮民工程處網站，網址：http://www.rsea.gov.tw/Report/Weekly4.htm。

12. 中央社即時新聞網，網址：www.cna.com.tw/Postwrite/P5/70069.aspx。

13. 國防總政治作戰局政戰資訊服務網，網址：http://gpwd.mnd.gov.tw/onweb.jsp?webno=3333333015&webitem_no=3198。

14. 喻臺生建築師事務所網頁，網址：http://blog.yam.com/ytspingdong/article/34991021。

15. 海軍歷史文物數位典藏，網址：metadata.teldap.tw/project/filebox/CNA/cna.htm。

16. 交通部民用航空局網站，網址：http://www.caa.gov.tw/big5/index.asp。

17. 中時電子報，網址：forums.chinatimes.com/report/2005vote/argue/c4913029.htm。

18. 國防部青年日報社軍事新聞網，網址：news.gpwb.gov.tw/newsgpwb_2009/news.php?css=2。

19. 自由時報電子報，網址：www.libertytimes.com.tw/2007/new/jan/11/today-p5.htm。

20. 自由時報新聞網，網址：www.libertytimes.com.tw/2003/new/oct/31/today-s1.htm。

四、期刊之文章

1. 吳餘德，〈臺灣參戰 60 周年特輯〉，兵器戰術圖解第 2 期，中國之翼出版社，2001 年。

2. 光玉，〈婦聯半年「上」〉，中華婦女第六卷第 11 期，中華婦女反共聯合會，2011 年。

3. 張詠翔，〈二戰日軍水上飛機泊錨地──東港大鵬灣〉，兵器戰術圖解第 15 期，中國之翼出版社，2004 年。

4. 黃琳堅，〈海軍除役艦艇在旗津、靶船、博物館、海鷗級〉，全球防衛雜誌 318 期，全球防衛雜誌社有限公司，2011 年。

5. 陳國銘，〈韓國軍艦博物館巡禮──兩種不同的經營方式〉，全球防衛雜誌 256 期，全球防衛雜誌社有限公司，2005 年。

五、報紙之報導

1. 羅印沖、李順德（2001／1／21），〈眷村改建燒錢　國防部遭糾正〉，聯合報。

2. 翁禎霞（2010／12／1），〈眷村建築委外經營　議員質疑〉，聯合報。

3. 劉星君（2010／11／20），〈屏市眷改　續留戶「像住在廢墟」〉，聯合報。

4. 侯千娟、黃良傑（2010／9／30），〈老眷村新改造　歷史建築遭破壞〉，自由時報。

六、其他書面資料

1. 〈屏東縣崇仁國宅簡介〉（2003.2），屏東縣政府及內政部營建署。

2. 〈屏東縣崇仁新村改建基地第 2 階段（規劃草案）說明書〉（2005.5），國防部。

3. 〈屏東縣「崇仁新村改建基地」原眷戶（含違占建戶）改（遷）建選項變更說明書〉（2008.9），國防部總政治作戰局。

4. 〈屏東縣「崇仁新村」新建工程第三階段說明會〉（2010.11），喻臺生建築師事務所。

附錄一：日據時期駐紮於屏東機場內飛行部隊沿革

時　間	事　項
大正 14 年（1925 年）2 月 1 日	飛行第 8 聯隊下令編組。
大正 14 年（1925 年）5 月 1 日	飛行第 8 聯隊在太刀洗飛行第 4 聯隊內開始編組。
昭和 2 年（1927 年）5 月	飛行第 8 聯隊主力編成，移防屏東。
昭和 3 年（1928 年）1 月	飛行第 8 聯隊在屏東編成，聯隊長爲山崎甚八郎大佐，編制爲 1 個戰鬥中隊（甲式三型戰鬥機）、1 個輕爆中隊（乙式一型偵察機），負責臺灣南部地區的防空、船舶護航、菲律賓攻略作戰。
昭和 3 年（1928 年）2 月 19 日	飛行第 8 聯隊成軍儀式。
昭和 8 年（1933 年）3 月	昭和八年度時局兵備改善計畫而行的改組編制，飛行第 8 聯隊的機種換裝爲九二式戰鬥機、八七式輕轟擊機。
昭和 11 年（1936 年）9 月 27 日	第 3 飛行團司令部設於屏東，舉行成軍儀式。飛行團長爲值賀忠治少將。
昭和 11 年（1936 年）12 月	飛行第 8 聯隊增設 1 個戰鬥中隊。
昭和 12 年（1937 年）5 月 1 日	屏東航空支廠成立儀式。

時　　間	事　　項
昭和 12 年（1937 年） 8 月 14 日	飛行第 8 聯隊的安部勇雄大尉之戰鬥中隊直屬臺灣軍司令官，主力在屏東（九五式戰鬥機 6 機），一部份兵力（九五式戰鬥機 3 機）分駐嘉義。
昭和 12 年（1937 年） 9 月 1 日	飛行第 8 聯隊的谷村禮之助大尉之戰鬥中隊改編為獨立飛行第 14 中隊（九五式戰鬥機 12 機），負責臺灣防空任務。
昭和 12 年（1937 年） 9 月 11 日	第 3 飛行團司令部增援上海戰場。
昭和 12 年（1937 年） 9 月 13 日	飛行第 8 聯隊的安部勇雄大尉之戰鬥中隊改編為獨立飛行第 10 中隊（九五式戰鬥機 12 機），增援上海戰場。
昭和 12 年（1937 年） 9 月 28 日	飛行第 8 聯隊的野中俊雄大尉之輕爆中隊改編為獨立飛行第 11 中隊（九三式輕轟炸機 9 機），增援上海戰場。
昭和 13 年（1938 年） 7 月	獨立飛行第 14 中隊歸建飛行第 8 聯隊。
	航空部隊制度改編，飛行第 8 聯隊改編為飛行第 8 戰隊。
昭和 16 年（1941 年） 7 月	飛行第 8 戰隊機種換裝，改用九九式雙發輕轟炸機。第 1 中隊為司偵中隊，使用機種為九七式司令部偵察機，而第 2 中隊、第 3 中隊、第 4 中隊皆為輕爆中隊，使用機種為九九式雙發輕轟炸機。
昭和 16 年（1941 年） 9 月 3 日	第 4 飛行團（飛行團長河原利明少將）下令編成，下轄飛行第 8 戰隊（戰隊長本多三男中佐、司令部偵察機／輕轟炸機）、飛行第 14 戰隊（重轟炸機）、飛行第 50 戰隊（戰鬥機）。
昭和 16 年（1941 年） 12 月	飛行第 8 戰隊部署在佳冬。
昭和 17 年（1942 年） 7 月	獨立第 104 教育飛行團部署在臺灣，其中獨立第 104 教育飛行團司令部位於屏東，第 106 教育飛行聯隊部署在臺中，第 108 教育飛行聯隊部署在屏東，第 109 教育飛行聯隊部署在嘉義。
昭和 18 年（1943 年） 12 月	飛行第 246 戰隊（二式單發戰鬥機 II 型）和第 18 飛行團司令部偵察隊（司令部偵察機）部署在屏東，負責臺灣防空，特別是高雄港碇泊船舶的空中掩護。
昭和 18 年（1943 年） 12 月 28 日	獨立飛行第 23 中隊在屏東編組，機種為三式戰鬥機。
昭和 19 年（1944 年） 1 月 20 日	獨立飛行第 23 中隊編成，基地位於屏東，計有三式戰鬥機 16 架，成為臺灣軍唯一的防空用戰鬥機部隊。

時　間	事　項
昭和 19 年（1944 年）3 月	飛行第 246 戰隊和第 18 飛行團司令部偵察隊返回日本內地。
	獨立第 104 教育飛行團擴大編制，其中飛行團司令部位於屏東，下轄第 6 教育飛行隊（臺中）、第 8 教育飛行隊（屏東）、第 9 教育飛行隊（嘉義）、第 20 教育飛行隊（花蓮港）、第 21 教育飛行隊（佳冬）、第 22 教育飛行隊（潮州）、第 10 航空教育隊（屏東）。

資料來源：許進發，國立清華大學歷史研究所博士候選人，未刊稿。

附錄二：訪談紀錄表

訪談人：許雄飛
時間：99 年 2 月 2 日
地點：屏東市崇蘭蕭氏家廟
受訪人：蕭永忠
受訪人背景介紹： 蕭永忠先生，是屏東市文史工作者，目前爲蕭珍記文化藝術基金會理事長，同時也是屏東崇蘭蕭氏家廟現由管理委員會負責人。
重點： 蕭永忠先生長期投入在屏東文史紀錄與保存的工作，對地方文史保存工作有相當的學術素養及實務工作經驗，筆者數次前往拜訪蕭先生。蕭先生除了提供筆者許多屏東市眷村寶貴的資料以及目前屏東市眷村改建計畫執行情形外，也對筆者的論文寫作方向提出了不少寶貴的建議。

訪談人：許雄飛
時間：99 年 5 月 17 日
地點：屏東市六塊厝教會
受訪人：羅遠平牧師、張靜秀師母
受訪人背景介紹： 羅遠平牧師爲屏東市六塊厝教會之牧師，張靜秀師母爲其夫人。羅遠平牧師自民國 81 年到六塊厝教會迄今，對六塊厝教會頗有建樹。
重點： 羅遠平牧師、張靜秀師母講述了「中華循理會」進入臺灣的過程及至六塊厝建堂的緣由與經過。此外，由於六塊厝教會在兩個眷村及凌雲國小從事了許多社會服務之工作，兩位也對這些工作做了說明，敘述了許多兩個眷村經濟較弱勢的居民情形，並且提供了「中華循理會」特刊及「六塊厝教會」特刊各一本，讓筆者收穫頗多。 此外，由於兩個眷村遷村在即，羅遠平牧師、張靜秀師母也向筆者提及了六塊厝教會的因應措施。教會目前並沒有遷移的計畫，唯日後除了將籌備專車接送教友參加教會活動，也會將教會的服務範圍逐步移往屏東市。

訪談人：許雄飛
時間：99 年 7 月 28 日
地點：凌雲國小
受訪人：吳老師
受訪人背景介紹： 吳老師，是凌雲國小的退休老師，小時後隨父母遷入機場內的眷村，十六歲時才遷入當時剛興建完成的大鵬七村。
重點： 吳老師講述了在機場內眷村的情形，包括當時眷舍、行政組織、軍人的日常生活等。而在遷移至「大鵬七村」後，吳老師也介紹了當時兩個眷村的生活環境、居民的生活型態以及眷村子弟的就學狀況等。 此外，在這波眷村改建中，吳老師也提供了國防部所發的書面資料，並詳細的解說國防部眷村改建居民的各項選項，也提及許多居民對眷村改建的看法。 吳老師並提及到目前兩個眷村已有相當多的眷戶搬出，使眷村內的治安問題受到影響，竊案也增加不少，加上眷村內居民多為老弱婦孺，使得這個問題更令人憂心。

訪談人：許雄飛
時間：99 年 8 月 28 日
地點：大鵬里里長辦公室
受訪人：王岳祖
受訪人背景介紹： 王岳祖先生，是「大鵬七村」的居民，原本服役於屏東基地，民國 73 年以空軍中校退休，民國 87 年擔任「大鵬七村」自治會幹事至今。
重點： 王岳祖先生長期居住在「大鵬七村」，又擔任「大鵬七村」自治會幹事，因此對兩個眷村的事情非常熟悉，向筆者講述了兩個眷村的興建情形、各項設施、風土民情等。 王先生說，兩個眷村早期由於人口數不少，眷村內開設有各式商店，滿足眷村內的生活需求。村內各項公共設施也相當完備，連眷村內的道路底下都設有下水道，使兩個眷村不曾遭受淹水之苦。

訪談人：許雄飛
時間：99 年 8 月 28 日
地點：屏東市「鵬程里」里長辦公室
受訪人：王藍里長
受訪人背景介紹：
重點： 王藍里長，目前擔任「鵬程里」里長，同時也兼任「大鵬七村自治會」會長，因此對「大鵬七村」的事情非常了解，里長對筆者介紹許多「大鵬七村」的事情，如眷村組織以及眷村以往的生活情形等。此外，目前「大鵬七村」即將進行眷村改建的工作，王里長也提出了他對眷村改建的看法。 王里長認為，眷村內許多老兵當年孑然一身追隨國民政府來臺，日後更將一生的青春奉獻給國家，領取國家一間房子養老實不為過，外界不應該對此大加撻罰。

訪談人：許雄飛
時間：99 年 9 月 7 日
地點：六塊厝教會
受訪人：孫叔叔、梅媽媽
受訪人背景介紹： 孫叔叔、梅媽媽均為兩個眷村的居民，同時也是六塊厝教會的教友
重點： 孫叔叔、梅媽媽向筆者詳細的介紹了兩個眷村早期的生活狀況、眷村內的一些活動及眷村改建的情形。此外對眷村的房子規格也對筆者詳加解說。

訪談人：許雄飛
時間：99 年 10 月 24 日
地點：屏東市六塊厝教會
受訪人：張志明先生
受訪人背景介紹： 張先生為「凌雲三村」子弟，小時候在眷村長大，目前已經遷居在外。但是因為屬於六塊厝教會成員，因此每逢星期天仍會返回教會，筆者因為羅牧師及師母的引見得以訪問張志明先生。
訪談重點： 雖然張志明先生已經遷居在外，但仍為筆者講述其小時候眷村的生活狀況，並且帶領筆者走訪兩個眷村內較重要之地點，如活動中心、原海天幼稚園的舊址及村長辦公室等，解說其歷史緣由及昔日情景。 此外，張先生也帶領筆者訪問了數位居民，聊了許多眷村早期的生活情形，其真誠的協助令筆者十分感謝。

訪談人：許雄飛
時間：100 年 2 月 10 日
地點：屏東市青島街呼光霽先生的住宅
受訪人：呼光霽
受訪人背景介紹： 呼光霽先生，爲早期青年軍 201 師 603 團團長呼之周將軍的公子，目前是屏東市勝利新村自治會的會長，也是屏東市積極投入眷村文史工作的熱心人士。
重點： 呼光霽先生對筆者提及了「勝利新村」的歷史及被屏東縣政府登錄爲歷史建築文化資產的情形。另外亦講述了許多孫立人將軍及其部屬的事蹟，也對眷村歷史文化保存提出了相當獨特的看法。 呼先生認爲歷史，可以讓人鑑往知來，避免犯下同樣的過錯。而眷村的歷史，正是臺灣歷史的一部份，尊重歷史，可以算是整個臺灣共同擁有的，所以不分藍、綠，大家應該同心協力把它保存下來。

訪談人：許雄飛
時間：100 年 2 月 22 日
地點：屏東市凌雲國小
受訪人：林春如校長
受訪人背景介紹： 林春如校長，為目前凌雲國小校長，民國 97 年分發至凌雲國小擔任校長迄今。
重點： 林校長擔任國小校長時，正值凌雲國小因為眷村改建、眷村人口外流，使得學校學生逐漸減少。為了因應這個狀況，林校長目前積極推動「凌雲國小」的轉型工作，希望藉由學校的發展帶動兩個眷村，賦予兩個眷村不同的風貌。 凌雲國小計畫發展成為「創意科學課程」及「生態探索課程」的特色小學，前者為結合空軍眷村的特色發展遙控飛機及各項飛行科學原理，而後者則是利用近在咫尺的高屏溪河濱公園溼地從事生態教學。 此外，林校長也向筆者說明一些與眷村家長互動的經驗及其對眷村改建之感想，認為凌雲國小師資相當優秀、設備亦相當進步，若因為遷村而廢校相當可惜，應該設法予以保留下來。

訪談人：許雄飛
時間：100 年 3 月 8 日
地點：屏東市「凌雲里」里長辦公室
受訪人：潘武昌里長
受訪人背景介紹：潘武昌里長，目前擔任「凌雲里」里長。
重點： 由於凌雲里目前正在進行眷村改建的工作，因此潘里長目前非常忙碌。 對於選擇遷建補償金的眷戶要處理其眷舍交回之事宜，而對於選擇房舍、必須在凌雲里住到民國 102 年的眷戶，潘里長也須提供相關的服務。因此潘里長向筆者敘述了目前有關「凌雲三村」遷建的情形，但是眷戶中選擇眷舍和選擇購屋補助款的人數，基於規定他無法透漏。但是他仍然並提供了空軍子地小學第十屆畢業專刊，裡面有許多學生回憶眷村生活的情形，提供了許多眷村的資料。

訪談人：許雄飛

時間：100 年 5 月 5 日

方式：電話訪問

受訪人：葉慶元

受訪人背景介紹：

葉慶元先生為屏東市崇仁新村的眷村子弟，近年來積極投身眷村保留運動，為維護老舊的眷舍奔走。

此外他與當地蕭氏家廟、眷村管理委員會互動良好，並時常利用網路與全臺各地其他眷村文史工作者串聯，交換心得，長期關心「眷村改建」的工作。

重點：

筆者本想親自訪問葉慶元先生，但是因為葉先生分身乏術、實在抽不出時間而改以電話訪問。除了同意筆者在論文中引用葉先生所繪之屏東市眷村分布圖外，葉先生亦在電話中向筆者說明了屏東縣共和新村的情形。

目前屏東縣已將屏東市勝利新村等更保留下來成立眷村文化園區，因此沒有足夠的經費與人力保留共和新村。目前部份共和新村居民打算與國防部進行行政訴訟，但是如果沒有意外，共和新村可能於今年（100 年）6 月遭到拆除。